図解 プレミアム

眠れなくなるほど面白い

古事記

國學院大學文学部教授
谷口雅博 監修

日本文芸社

はじめに

『古事記』という書名を知らない人はあまりいないでしょうし、日本でいちばん古い書物であるということも皆さん何となく知っているのではないかと思います。ただ、どういう内容が書かれているのかについては、結構知らない人も多いのではないでしょうか。ですが、実際に読んでみると、誰もが何となく知っている話や、いつのまにか知っていた話が『古事記』にはたくさん載っていることがわかります。

神々の時代の話では、黄泉国《よみのくに》訪問、ヤマタノオロチ退治、イナバノシロウサギ、天の石屋籠《ごも》り、海サチ山サチの兄弟争いの話など、天皇の時代の話では、神武《じんむ》天皇の東征《とうせい》、ヤマトタケルの白鳥伝説、仁徳《にんとく》天皇の仁政《じんせい》、雄略《ゆうりゃく》天皇の武勇の話など、私もいつそれらの話に触れたのかは覚えていないのですが、いつのまにか知っていました。きっといろいろな本やテレビや学校の先生のお話などの中に出てきていたのだろうと思います。このように、誰もが知る話が載っている『古事記』は、大げさな言い方をすれば、壮大な叙事詩と言ってもよいのではないでしょうか。

『古事記』は天地のはじまりから書き起こされて、第三十三代推古《すいこ》天皇までの系譜と神話・物語が記されています。天神《あまつかみ》から歴代天皇へという一本の縦軸と、その横軸にさまざまな物語が配置されています。そこに載っている神話や物語は、『古事記』という作品の中ではそれぞれが有機的に関連性をもっているわけですが、本来はそれぞれ個々に存在した神話や物語を集合して一本の縦軸の中にちりばめていって、関係付けたものと思われます。ですので、それぞれの個々のお話は、たとえば異郷訪問譚《いきょうほうもんたん》や異類婚姻《いるいこんいん》譚、英雄の物語や婚姻の物語などは、海と関わる人々の紡《つむ》ぎ出した話、山で狩猟を営んでいた人々の暮らしの中から生まれ出た話、農耕に従事する村落共同体での信仰生活から発想された話などさまざまなところで生み出され、語られてきたお話が元になっているでしょうし、海の向こうから人々の流入とともに日本列島に伝わってきた話も当然含まれているでしょう。『古事記』が成立したのは七一二年のことですが、それ以前のはるか昔、まだ日本に文字が無かった時代から口伝えで伝えられてきたお話がたくさん含まれています。それらの話が元はどのような環境のもとで生まれたのか、どういう意味や願いをもった話であったのかを考えたり、個々にあった話をどのように一本の縦軸に統合していったのか考えたり、『古事記』を読む楽しみは読む人によってさまざまにあり得ます。とても奥が深く、豊かな書物だと思います。

　はじめはおおまかでも結構ですので、『古事記』に触れていただき、興味が湧いたら、より深くその内容を味わっていただければ、『古事記』はこれからも国民の古典として生き続けることができると思いますし、そういう古典をもっているということはとても幸せなことなのではないかと思う次第です。

二〇二四年十月吉日

國學院大學文学部教授　谷口雅博

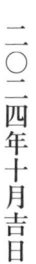

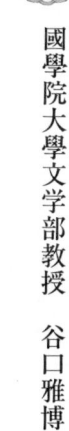

古事記ってなに？

『古事記』は日本最古の歴史書

『古事記』は現存する日本最古の歴史書で、奈良時代の七一二年に成立しました。同時期に成立した『日本書紀』と並べて「記紀」と呼ばれています。

『古事記』の序文によると、各家々が所持していた天皇家の系譜を記した『帝紀《ていき》』と、古代の伝承を記した『旧辞《きゅうじ》』に誤りがあったため、第四十代天武《てんむ》天皇が、後世に正しい歴史を伝えるための歴史書をつくることを考えました。そして、記憶力が優れていた稗田阿礼《ひえだのあれ》という人物に、正しい天皇家の物語と系譜を読み習わせたのがはじまりとされています。

しかし、天武天皇の在世中に歴史書は完成しませんでした。

その後、事業を引き継いだ第四十三代元明《げんめい》天皇が、七一一年九月、太《おおの》安万侶《やすまろ》に稗田阿礼が語る内容を書き記させ、翌七一二年に『古事記』は完成しました。太安万侶は文官《ぶんかん》であったとされています。

『古事記』の序文は後世に付け加えられたという説があります。ただ、本文の内容や文字づかいなどから、奈良時代前期（8世紀初頭）に『古事記』が完成したことは間違いないようです。

『古事記』基本データ

構成 （全三巻）	上つ巻（天地創成《そうせい》～神代《かみよ》の物語） 中つ巻（神武《じんむ》天皇～応神《おうじん》天皇） 下つ巻（仁徳《にんとく》天皇～推古《すいこ》天皇）
編者	帝紀《ていき》・旧辞《きゅうじ》を読み覚えた稗田阿礼《ひえだのあれ》の語りを 太《おおの》 安万侶《やすまろ》が整えて完成させた。
完成年	712 年（和銅 5 年）
表記	音訓交用《おんくんこうよう》の和化漢文体（倭文体）

『古事記』の内容は「天皇家の神話」

『古事記』は、上《かみ》つ巻《まき》、中《なか》つ巻、下《しも》つ巻の全三巻で構成されています。

内容は、上つ巻は「天《あめ》の石屋《いわや》」や「八岐大蛇《やまたのおろち》」、「稲羽《いなば》の素兎《しろうさぎ》」など、絵本や神楽《かぐら》などでも見ることがある有名な神話が収められています。中つ巻と下つ巻は、それぞれ天皇の業績が収められています。

そして、全体の三分の一が神話となっていて、天皇家の神話を収めていることがわかります。

その意図するところは、天皇家の祖先がアマテラスオオミカミ（天照大神）であることを示すことにあります。これが『古事記』編纂《へんさん》の目的でした。そして、「神の子孫である天皇が、日本を統治することは正当である」ということを主張しているのです。

日本古来の言葉を表す「和化漢文体（倭文体）」

『古事記』の最大の特徴は、すべて漢字で記されている点です。構文は漢文ですが、正規の漢文にはない万《まん》葉仮名《ようがな》と呼ばれる音仮名《おんがな》を交えた文体となっています。これを「和化漢《わかかん》文体《ぶんたい》（倭《やまと》文体）」といいます。

音仮名とは、漢字一文字を日本語一音に対応させる文字で、本来の漢文とは異なります（7ページ参照）。

和化漢文体は平安時代以降も男性の日記や書簡、記録、法令などに用いられた文体で、その後発達しながら江戸時代末まで公文書の文章様式として広く用いられました。

では、なぜ『古事記』は、このような日本人にしか読めない文体で書

稗田阿礼《ひえだのあれ》
(生没年不詳)

記憶力に優れた天皇の舎人

『古事記』序文には、天武天皇の舎人《とねり》（従者）であったと記されているが、出自など詳細はいっさい不明。非常に記憶力が優れていたとされている。

太安万侶《おおのやすまろ》
(?～723年)

『日本書紀』の編纂にも関わった文官

飛鳥時代から奈良時代にかけての貴族で、元明天皇の命で稗田阿礼が語る系譜と物語を撰録した。1979年、墓が発見され、実在が確認された。

かれたのでしょうか。それは、『古事記』は日本国内に向けて編纂されたから、と考えられています。

一方で、同時期に完成した『日本書紀』は当時の国際語である漢文体で書かれており、中国で「紀」と呼ばれ時系列で表記する編年体《へんねんたい》を採用していることから、外国人が読むことを前提に書かれた史書とされます。

『古事記』が天皇統治の正当性を国内に示すことを目的として編纂されたのに対し、『日本書紀』は海外に向けて国家の正式な歴史書としてつくられたということでしょう。

『古事記』と『日本書紀』ここが違う

編纂の目的が異なる『古事記』と『日本書紀』、それぞれの特質を把握するためには、両書を比較する必要があります。

まず前述どおり『古事記』は全三巻で構成されていますが、『日本書紀』は全三十巻で系図だけを記した巻が一巻ついていたという記録があります（系図は現存しません）。

また、『古事記』には一一二首、『日本書紀』には一二八首の和歌が収められていますが、巻数から考えると『日本書紀』は少ないといえるでしょう。

さらに編纂期間も異なります。『古事記』は天武朝の稗田阿礼の誦《しょう》習《しゅう》からはじまり、元明朝に太安万侶が完成させますが、安万侶の作業期間はわずか4カ月とされています。一方で『日本書紀』は大人数で39年かけて編纂しました。

天武天皇崩御後、『古事記』の編纂は元明天皇に引き継がれ、『日本書紀』の編纂は天武天皇の皇子である舎人《とねり》親王に引き継がれ、完成しています。

内容の違いとして面白いのは、西征・東征を果たし、国内統一の立役者ともいえるヤマトタケルが、『古事記』では残忍なゆえに父である景行天皇に疎《うと》まれ、非業の死を遂げる悲劇のヒーローとして描かれているのに対し、『日本書紀』では景行天皇に愛された息子として描かれている点でしょう。

さらに、「稲羽の素兎」など、オオクニヌシノカミ（大国主神）の出雲神話のほとんどが『日本書紀』には描かれていません。

同じ歴史書でありながら、その目的によって中身に違いがあるというのは興味深いところです。

『古事記』成立時の天皇系譜

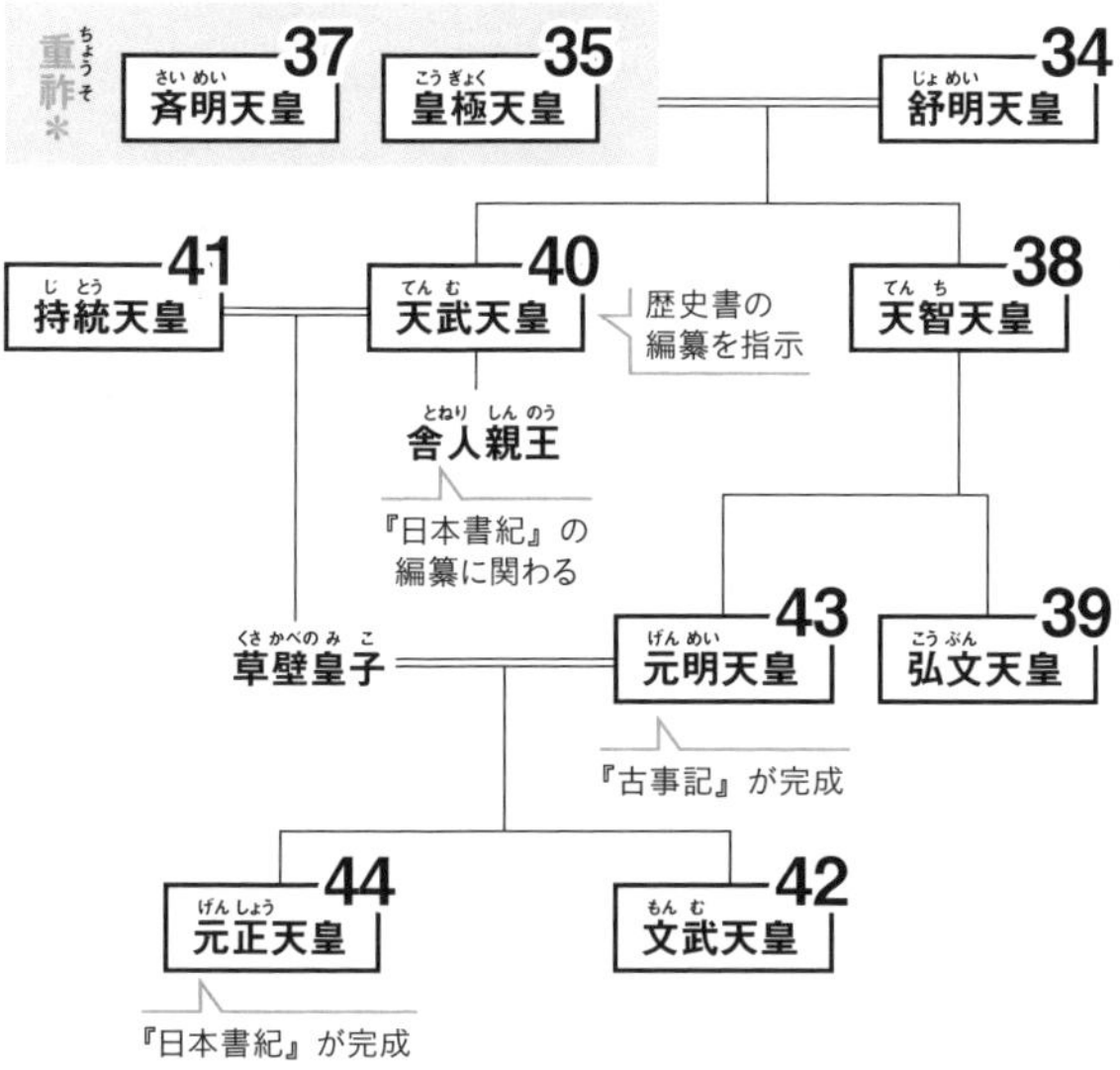

＊一度退位した天皇が再び位に就くこと。孝徳《こうとく》天皇に譲位した皇極天皇は、孝徳天皇崩御後、ふたたび即位し、斉明天皇となった。

和化漢文体

久羅下那州《くらげなす》多陀用弊流《ただよへる》之時

【意味】クラゲのように漂っているとき

『古事記』と『日本書紀』の違い

	『古事記』	『日本書紀』
編纂の目的	国内に向け、天皇が日本を統治する正当性を示すため編纂	外国に向け、国家の正式な歴史書として編纂
巻数	全3巻	全30巻＋系譜1巻
形式	和化漢文体（倭文体）・紀伝体	漢文体・編年体
編纂期間	天武朝～元明朝 元明天皇の詔から4カ月後に太安万侶が撰上	天武天皇10年（681）の詔から39年後の元正天皇養老4年（720）に舎人皇子が撰上
登場する天皇	第三十三代推古天皇まで	第四十一代持統天皇まで
海外についての記述	中つ巻、仲哀記・応神記に掲載	各巻に多く記載あり。中国の史書からの引用なども掲載

目次

第1章
天地の起こりと神々の誕生

上つ巻

第2章
神の子孫たちの英雄伝説

中つ巻

第3章

天皇の皇位継承の物語

下つ巻

第1章

天地の起こりと神々の誕生

上つ巻

こう読むと面白い！　上つ巻

『古事記』の上《かみ》つ巻は天地のはじまりから書き起こされて、初代神武《じんむ》天皇の誕生までが描かれています。『古事記』はそもそもが天皇家の起源と継承の次第を描くものですので、話の中心は当然そこに関わるところになります。天上界高天原《たかあまのはら》における天神《あまつかみ》の出現、イザナキ・イザナミの国生み・神生み、アマテラスオオミカミの誕生、天孫降臨《てんそんこうりん》などの神話により、アマテラスオオミカミ→オシホミミノミコト→ホノニニギノミコト→ホヲリノミコト（山サチ）→ウガヤフキアヘズノミコト→カムヤマトイハレビコノミコト（神武天皇）といった流れの中でさまざまな神話が展開します。

　そうした『古事記』神話の中で特に面白いのは、スサノオの存在、大《おお》国主神《くにぬしのかみ》の神話、ホノニニギ以降の神々の人間的な行動、といったところになるでしょうか。

　おおまかに区分すれば、神々の活動としては、イザナキ・イザナミ神話、アマテラス・スサノオの神話、大国主神の神話、葦原中国《あしはらのなかつくに》平定と天孫降臨、日向三代《ひむかさんだい》の神話となります。これらの神話は、イザナキ→アマテラス→ホノニニギという天皇の皇統に繋がっていく系統と、イザナミ→スサノオ→オオクニヌシという、出雲側の神に繋がっていく系統に分けることができます。

　イザナキとイザナミは、それぞれ葦原中国と黄泉《よもつ》国《くに》とでその住む世界が分割されるわけですが、スサノオは亡き母イザナミを求めて葦原中国を追放され、その結果アマテラスのいる高天原を訪れてそこで大暴れして、そのためにアマテラスが石屋に籠もって世界が真っ暗闇になるという事態を引き起こします。その後高天原も追放されたスサノオは、出雲に降ってヤマタノオロチを退治し、助けたクシナダヒメと結婚して子孫を生んでいきます。六世孫として誕生するのがオ

オクニヌシです。ここまでの神話展開は間違いなくスサノオが主役であり、スサノオが世界を掻き回すことによってどんどんと話が進んで行き、世界が構築されて行きます。トリックスターと言われる所以《ゆえん》です。主流のアマテラスよりも目立つように書かれているところが面白いところです。そして、オオクニヌシが誕生してからは、この神を主役とする話がかなりの分量を費やして描かれていきます。はじめはオオナムチと呼ばれていた神が、文字通り地上世界の主、オオクニヌシとなるまでの成長物語を、女性達との婚姻物語の形を取りながら内容豊かに描かれていきます。

どんなドラマや物語でも、主役だけでは成り立ちません。かたき役が充実してこそドラマは盛り上がるものです。スサノオは破天荒な性格をしていて空気の読めない若干憎たらしい神として描かれています。オオクニヌシは兄神たちにいじめられながらもやがては成長し兄神たちを追い払って自らが地上の主となるというように、かなり英雄的な神として描かれています。そうしたかたき役の存在があってはじめて『古事記』神話の面白さが獲得されていると思われます。

また、天神から天皇へと繋がる位置にいるニニギとホヲリですが、ニニギは地上で出会った女神と一夜の契りを結びますが、その一夜で女神が懐妊したことに疑いをもち、自分の子ではなくて地上の神の子なのではないかと言います。ホヲリは自分の仕事である山の獲物を取ることに飽きて、兄と役割の交換を提案し、拒否する兄にしつこくねだって実現させたあげくに兄の大事な道具を無くしてしまいます。どちらも、とても聖人君子的な描かれ方はしていません。天上の神から地上の神へと推移していくなかで、血の通った、欠点ももった存在として描かれていく、これもまた『古事記』神話の面白さのひとつだと思います。

現代社会では、視覚的にあらゆる情報が入手可能であるために、かえって想像力・創造力は弱まってしまっているように思えます。限られた情報の中で豊かに神話的想像力を働かせたであろう古代の人々によって創造された世界は、極めて不思議な力が発揮される世界であると同時に、極めて人間的・現代的な感覚も含まれています。そこが面白いところだと思います。

古事記クローズアップ 上つ巻

上つ巻のポイント

上つ巻には、国生みと神々の出現から、アマテラスオオミカミの孫ニニギノミコトが下界に降臨するまでの神々の時代が綴られています。

登場する主な神々

別《こと》天《あま》つ神《かみ》

アメノミナカヌシノカミ（天之御中主の神）
タカミムスヒノカミ（高御産巣日の神）
カムムスヒノカミ（神産巣日の神）
ウマシアシカビヒコヂノカミ（宇摩志阿斯訶備比古遅の神）
アメノトコタチノカミ（天之常立の神）

神《かみ》世《よ》七《なな》代《よ》

1. クニノトコタチノカミ（国之常立の神）
2. トヨクモノノカミ（豊雲野の神）
3. ウヒジニノカミ（宇比地邇の神）・スヒチニノカミ（須比智邇の神）
4. ツノグイノカミ（角杙の神）・イクグイノカミ（活杙の神）
5. オオトノジノカミ（意富斗能地の神）・オオトノベノカミ（大斗乃弁の神）
6. オモダルノカミ（於母陀流の神）・アヤカシコネノカミ（阿夜訶志古泥の神）
7. イザナキノカミ（伊耶那岐の神）・イザナミノカミ（伊耶那美の神）

アマテラスオオミカミ（天照大御神）
オモイカネノカミ（思金の神）
フトダマノミコト（布刀玉の命）
アメノコヤネノミコト（天の児屋の命）
アメノタヂカラオノカミ（天の手力男の神）
アメノウズメノミコト（天の宇受売の命）
スサノオノミコト（須佐之男の命）
アシナヅチ（足名椎）
テナヅチ（手名椎）
クシナダヒメ（櫛名田比売）
ニニギノミコト（邇邇芸の命）
サルタビコノカミ（猿田毗古の神）
オオクニヌシノカミ（大国主神）
オオアナムヂノカミ（大穴牟遅の神・大国主神のまたの名）

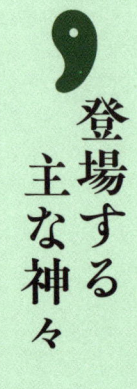

『古事記』名場面　—上つ巻—

【国生み・神生み】
『古事記』で最初の神々が生まれ、
国土が形成されていく。

▼

【天《あめ》の石屋《いわや》隠れ】
アマテラスオオミカミが
天の石屋に隠れてしまう。

▼

【八岐《やまた》の大蛇《おろち》】
ヤマタノオロチという
大蛇を退治する物語。

◀

【稲羽《いなば》の素兎《しろうさぎ》】
島から島へ渡ろうとして
失敗した兎の物語。

▲

【国譲《くにゆず》り】
オオクニヌシノミコトは葦原の
中つ国を天つ神御子に譲った。

▲

【天孫降臨《てんそんこうりん》】
高天の原の神々が
葦原の中つ国に降り立つ。

神々のいる世界

高天《たかあま》の原《はら》
天つ神が住む天上界が高天の原。
アマテラスオオミカミが統治している。

葦原《あしはら》の中《なか》つ国《くに》
イザナキノミコトとイザナミノミコトが
国土を固め、オオクニヌシノカミが
国づくりをしたのが葦原の中つ国。
国つ神と青人草《あおひとぐさ》が暮らしている。

黄泉《よみ》の国《くに》
死者の国。出産で命を落とした
イザナミノミコトが住む。

根《ね》の堅州国《かたすくに》
黄泉の国と根の堅州国とは同じ
場所であるという見方もあるが、
『古事記』ではあいまいなままにされて
いる。スサノオノミコトが住んでいる。

天地のはじまり

別天つ神と神世七代が誕生する

昔、天地は一つのものでした。それが分かれて二つになったとき、**高天の原**《たかあまのはら》に最初に姿を現したのは、**アメノミナカヌシノカミ(天之御中主の神)**でした。続けて**タカミムスヒノカミ(高御産巣日の神)**が、次に**カムムスヒノカミ(神産巣日の神)**が現れました。この頃、大地はまだ水に浮いた油のように漂っている状態でした。

次に現れたのは**ウマシアシカビヒコヂノカミ(宇摩志阿斯訶備比古遅の神)**と**アメノトコタチノカミ(天之常立の神)**です。ここまでの五柱*の神は男神と女神の区別がない独神《ひとりがみ》で、特別な存在として、別天《ことあま》つ神《かみ》といいます。五柱の神は、現れるといつのまにか身を隠しました。

天地創造と神々の誕生

次に現れた二柱も独神ですぐ身を隠し、その後、ウヒジニノカミ(宇比地邇の神)とスヒチニノカミ(須比智邇の神)、ツノグイノカミ(角杙の神)とイクグイノカミ(活杙の神)、オオトノジノカミ(意富斗能地の神)とオオトノベノカミ(大斗乃弁の神)、イザナキノカミ(伊耶那岐の神)とイザナミノカミ(伊耶那美の神)など、男女五対の神が次々と現れました。

ここまでを神世七代《かみよななよ》と呼びます。

最初に姿を現したのは三柱の神だった。

＊「柱」(はしら) は神を数えるときに使う接尾語。

五柱の別天つ神に続き、神世七代の神々が次々と生まれた。

天地のはじまりに誕生した神々

別天つ神——五柱の神々

1	天《アメ》之《ノ》御《ミ》中《ナカ》主《ヌシ》の《ノ》神《カミ》	4	宇《ウ》摩《マ》志《シ》阿《ア》斯《シ》訶《カ》 備《ビ》比《ヒ》古《コ》遅《ヂ》の《ノ》神《カミ》
2	高《タカ》御《ミ》産《ム》巣《ス》日《ヒ》の《ノ》神《カミ》		
3	神《カム》産《ム》巣《ス》日《ヒ》の《ノ》神《カミ》	5	天《アメ》之《ノ》常《トコ》立《タチ》の《ノ》神《カミ》

神世七代——十二柱の神々

1	独神	国《クニ》之《ノ》常《トコ》立《タチ》の《ノ》神《カミ》	5	男女一対神	意《オ》富《オ》斗《ト》能《ノ》地《ジ》の《ノ》神《カミ》 大《オオ》斗《ト》乃《ノ》弁《ベ》の《ノ》神《カミ》
2	独神	豊《トヨ》雲《クモ》野《ノ》の《ノ》神《カミ》			
3	男女一対神	宇《ウ》比《ヒ》地《ジ》邇《ニ》の《ノ》神《カミ》 須《ス》比《ヒ》智《チ》邇《ニ》の《ノ》神《カミ》	6	男女一対神	於《オ》母《モ》陀《ダ》流《ル》の《ノ》神《カミ》 阿《ア》夜《ヤ》訶《カ》志《シ》古《コ》泥《ネ》の《ノ》神《カミ》
4	男女一対神	角《ツノ》杙《グイ》の《ノ》神《カミ》 活《イク》杙《グイ》の《ノ》神《カミ》	7	男女一対神	伊《イ》耶《ザ》那《ナ》岐《キ》の《ノ》神《カミ》 伊《イ》耶《ザ》那《ナ》美《ミ》の《ノ》神《カミ》

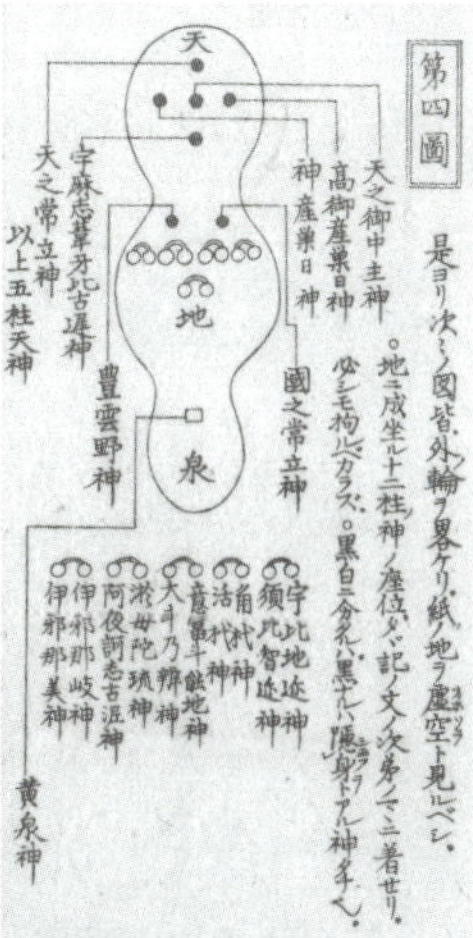

宇宙創世の神話

江戸時代の国学者、本居宣長の弟子、服部中庸は、高天原に神々が出現する様子は宇宙の創成をあらわすものとして、これを図に示した。(『三大考』)。

イザナキとイザナミの国生み

天地創造と神々の誕生

淤能碁呂嶋で夫婦の契りを交わす

最後に生まれたイザナキノカミとイザナミノカミは、高天の原に住まう神々から、

「そなたたちの力で漂う大地を固め、形を整えよ」

と命じられ、神々の命を果たすものとしてミコト(命)を名に負い、委任の印として玉で飾られた天の沼矛《ぬまぼこ》を授けられました。*

二柱の神は天界と下界をつなぐ天の浮き橋に立ち、神聖なる天の沼矛を海にさし降ろしました。

沼矛でコオロコオロとかき混ぜると、矛を引き上げたときに海水がしたたり落ち、塩が固まって積もり、島になりました。これを**淤能碁呂嶋**《おのごろしま》といいます。

二柱の神は淤能碁呂嶋に降り、神聖な天の御柱を立て、続けて八《や》尋殿《ひろどの》という大きな神殿を建てました。

そこで、**イザナキノミコト(伊耶那岐の命)**は**イザナミノミコト(伊耶那美の命)**に、

イザナキとイザナミは天つ神に相談した。

＊ これ以降、イザナキノカミとイザナミノカミはイザナキノミコト、イザナミノミコトとなる。

イザナキとイザナミは天の沼矛をさし降ろしてかき混ぜ、淤能碁呂嶋を生んだ。

古事記の世界観

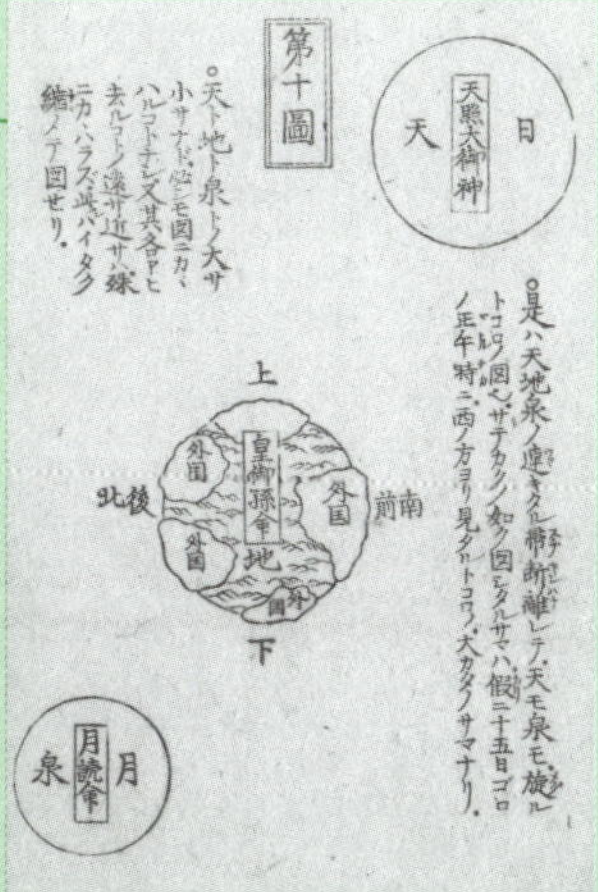

本居宣長は『古事記』の神話は現実にある世界の根拠を示すものと考えていました。宣長の教えを受けた服部中庸は『三大考』において『古事記』神話の展開を十の図で示し、天地のはじまりから最終的には天（高天原＝太陽）・地（葦原中国＝地球）・泉（黄泉国《よもつくに》＝月）という現実の天体が出来上がる過程として捉え、宣長に激賞されました。しかし他の弟子たちは宣長の没後、中庸の説は師匠の説とは異なることを主張し、所謂「三大考論争」が巻きおこります。

「そなたの体はどうなっているのか」

と尋ねると、イザナミノミコトが、

「私の体はほぼできあがっていますが、一つだけ欠けているところがあります」

と答えます。そこでイザナキノミコトが、

「私の体もほぼできあがっているが、一つだけ余分なものがある。これでそなたの欠けているところをふさぎ、国土を生みだそうと思うが、どうだろう」

といいました。

イザナミノミコトは右から、イザナキノミコトは左から、**二柱の神は天の御柱《みはしら》を互いに逆方向に回り、出会ったところで夫婦の契《ちぎ》りを交わす約束をしました**。

二柱の神が出会うとイザナミノミコトが口を開きました。

「ああ、なんて素敵な方なのでしょう」

ついで、イザナキノミコトがいいました。

「ああ、なんて可愛らしい乙女なのだろうか」

お互いを褒《ほ》め合ったのち、イザナキノミコトは「女が先に口を開くのはよくない」

といい添えたものの、二柱の神は契りを交わしました。

しかし、はじめに生まれた水蛭子《ひるこ》は失敗であるとして、葦《あし》の船に乗せて流しました。

次に淡嶋《あわしま》を生みました。この御子《みこ》は泡のような不完全な島で、この子も二柱の神は自分たちの子とは認めませんでした。

国生みがうまくいかないので、二柱の神は、高天の原で指示を仰ぐことにしました。

＊天つ神が占いをして仰せられました。

「女神が先に言葉を発したのがよくなかった。もう一度最初からやり直しなさい」

再び下界へ降りた二柱の神は、前と同じよう

＊ 高天の原に住む神々。

天の御柱の周囲を互いに逆方向に回り、契りを交わすイザナキとイザナミ。

古事記伝承の地をめぐる

淤能碁呂嶋

『古事記』ゆかりの神社や土地は、日本各地に残されています。兵庫県淡路島周辺には、淤能碁呂嶋ではないかといわれている場所がいくつかあります。

自凝島《おのころしま》神社（兵庫県南あわじ市）。淤能碁呂嶋伝承地の一つ。

沼島（兵庫県南あわじ市）。沼島は淤能碁呂嶋伝承地の一つ。上立神岩は天の御柱であるとされている。

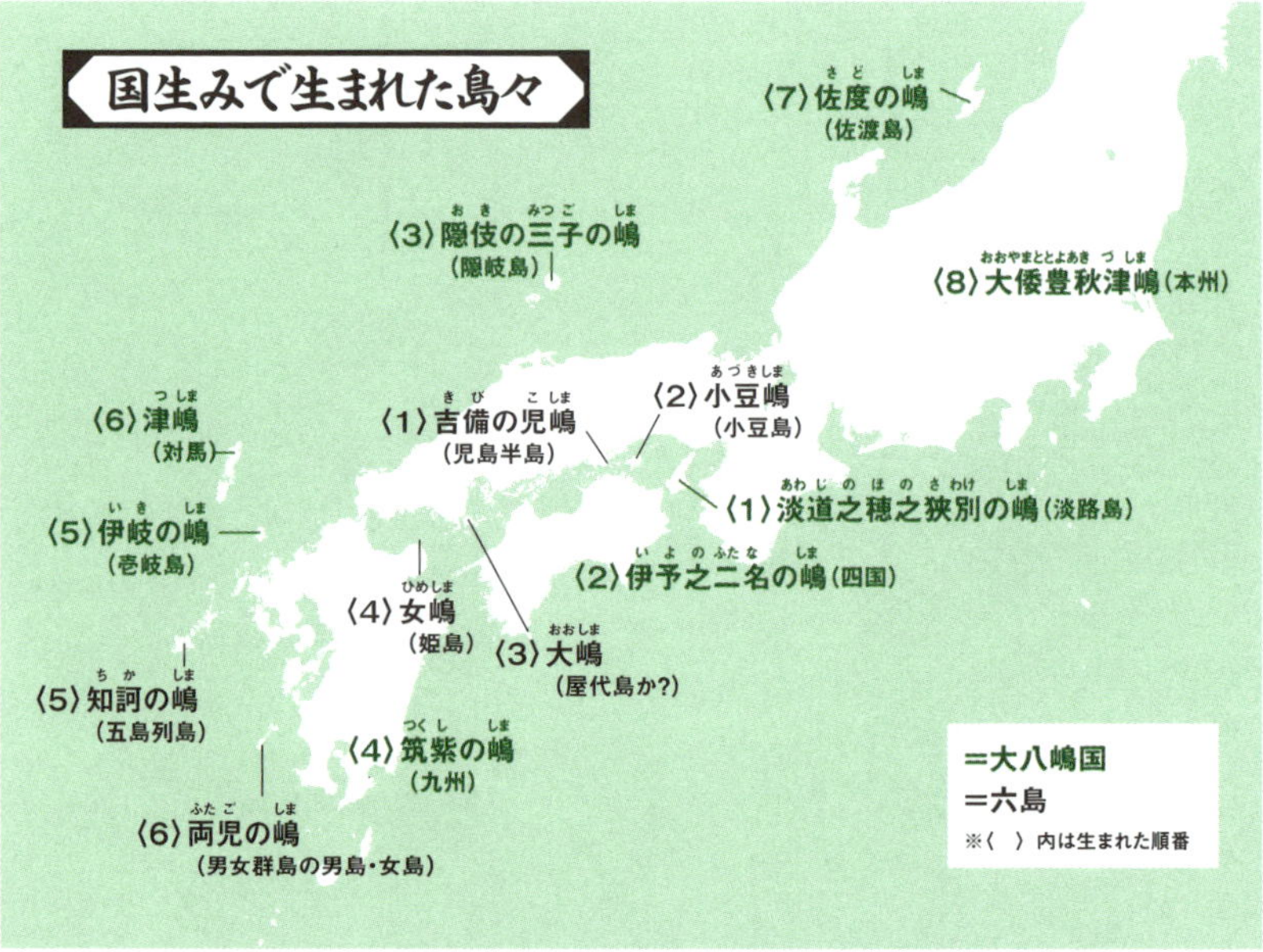

に天の御柱を回り、今度はイザナキノミコトが先に口を開きました。

「ああなんて可愛らしい乙女なのだろう」

ついで、イザナミノミコトがいいます。

「ああ、なんて素敵な方なのでしょう」

それから再び体を求め合うと、相次いで丈夫な御子が生まれました。

最初に生んだのは、**淡道之穂之狭別《あわじのほのさわけ》の嶋（淡路島）**、次に生んだのは**伊予之二名《いよのふたな》の嶋（四国）**です。続いて以下の順に、**隠伎《おき》の三子《みつご》の嶋（隠岐島）**、**筑紫《つくし》の嶋（九州）**、**伊岐《いき》の嶋（壱岐島）**、**津《つ》嶋（対馬）**、**佐度《さど》の嶋（佐渡島）**、**大倭豊秋津《おおやまととよあきづ》嶋（本州）**の六つ、合わせて八つの島を生みました。これらを総称して**大八嶋《おおやしま》国**といいます。

二柱の神はその後さらに吉備《きび》の児嶋《こじま》（古くは島だった岡山県の児島半島）をはじめ六つの島を生みました。

神々の誕生

火の神を生んだイザナミが大火傷を負う

国生みを終えたイザナキノミコトとイザナミノミコトは、次に大八嶋国に住むべき神々を生みました。

はじめに生まれたのはオオコトオシオノカミ（大事忍男の神）です。続けて、住居に関わる六柱の神々、海や水門に関わる三柱の神々が生まれました。

次に、イザナキノミコトとイザナミノミコトは、風の神であるシナツヒコノカミ（志那都比古の神）、木の神であるククノチノカミ（久々能智の神）、山の神であるオオヤマツミノカミ（大山津見の神）、カヤノヒメノカミ（鹿屋野比売の神）の四柱の神々を生みました。

さらに、生産に関わる三柱の神を生みました。船の神であるトリノイワクスフネノカミ（鳥之石楠船の神）、穀物の神であるオオゲツヒメノカミ（大宜都比売の神）、そして**火の神ヒノヤギハヤオノカミ（火之夜芸速男の神）**です。

しかし、悲劇が起こりました。火の神であるヒノヤギハヤオノカミを生んだとき、イザナミノミコトは女陰に大火傷を負い、それがもとで命を落としてしまったのです。

イザナミの死

イザナキは怒りのまま我が子を手に掛けた。

イザナミノミコトは苦しみながらも神生みを続け、死に至るまでに嘔吐したものと大便、小便から男女各一対、六柱の神が生まれました。

「愛しい妻を、たった一人の子のために失うとは……」

イザナキノミコトは亡骸のそばで泣き崩れました。するとその涙から、ナキサワメノカミ（泣沢女の神）が生まれました。

イザナミノミコトの亡骸は、出雲《いずも》の国と伯岐《ほうき》の国の境にある*1比婆《ひば》の山に葬られました。

けれども愛する妻を失ったイザナキノミコトは、悲しみ嘆くばかりです。

そしてついに腰に帯びていた剣を抜くや、生まれたばかりの我が子に斬りかかり、ヒノヤギハヤオノカミの首をばっさりと斬り落としてしまいました。

すると、ヒノヤギハヤオノカミの血*2からまた神々が生まれます。

剣の先についた血が岩場に飛び散ると、イワサクノカミ（石析の神）など三柱の岩と剣の神々が生まれました。

剣の鍔《つば》についた血が岩場に飛び散ると、そこからはミカハヤヒノカミ（甕速日の神）など三柱の雷と火の神が生まれました。さらに剣の柄《つか》からイザナキノミコトの手の指を伝って落ちた血からは、水に関わるクラオカミノカミ（闇淤加美の神）とクラミツハノカミ（闇御津羽の神）の二柱の神が生まれました。

そして、ヒノヤギハヤオノカミの頭と胸、腹、陰茎、左右の手と足からは、マサカヤマツミノカミ（正鹿山津見の神）など、合わせて八柱の山の神々が生まれました。

イザナキノミコトが使った**剣の名は天之尾羽《あめのおは》張《ばり》、別名を伊都之尾羽張《いつのおはばり》**といいます。

＊1　島根県安来市伯太町に比婆山がある。鳥取県との県境にも近い。
＊2　血は力の象徴とされている。

ヒノヤギハヤオノカミを生んだイザナミノミコトは火傷を負って命を落とす。

神生みで生まれた神々

伊《イ》耶《ザ》那《ナ》岐《キ》の神　伊《イ》耶《ザ》那《ナ》美《ミ》の神

神生みという大事業を象徴

大《オオ》事《コト》忍《オシ》男《オ》の《ノ》神《カミ》

住居に関わる神

石《イワ》土《ツチ》毗《ビ》古《コ》の《ノ》神《カミ》
石《イワ》巣《ス》比《ヒ》売《メ》の《ノ》神《カミ》
大《オオ》戸《ト》日《ヒ》別《ワケ》の《ノ》神《カミ》
天《アメ》之《ノ》吹《フキ》男《オ》の《ノ》神《カミ》
大《オオ》屋《ヤ》毗《ビ》古《コ》の《ノ》神《カミ》
風《カザ》木《モ》津《ツ》別《ワケ》之《ノ》忍《オシ》男《オ》の《ノ》神《カミ》

自然に関わる神

大《オオ》綿《ワタ》津《ツ》見《ミ》の《ノ》神《カミ》（海）
速《ハヤ》秋《アキ》津《ツ》日《ヒ》子《コ》の《ノ》神《カミ》（水門）
速《ハヤ》秋《アキ》津《ツ》比《ヒ》売《メ》の《ノ》神《カミ》（水門）
志《シ》那《ナ》都《ツ》比《ヒ》古《コ》の《ノ》神《カミ》（風）
久《ク》々《ク》能《ノ》智《チ》の《ノ》神《カミ》（木）
大《オオ》山《ヤマ》津《ツ》見《ミ》の《ノ》神《カミ》（山）
鹿《カ》屋《ヤ》野《ノ》比《ヒ》売《メ》の《ノ》神《カミ》（野）

生産に関わる神

鳥《トリ》之《ノ》石《イワ》楠《クス》船《フネ》の《ノ》神《カミ》（船）
大《オオ》宜《ゲ》都《ツ》比《ヒ》売《メ》の《ノ》神《カミ》（穀物）
火《ヒ》之《ノ》夜《ヤ》芸《ギ》速《ハヤ》男《オ》の《ノ》神《カミ》（火）

金《カナ》山《ヤマ》毗《ビ》古《コ》の《ノ》神《カミ》（冶金）
金《カナ》山《ヤマ》毗《ビ》売《メ》の《ノ》神《カミ》（冶金）
波《ハ》邇《ニ》夜《ヤ》須《ス》毗《ビ》古《コ》の《ノ》神《カミ》（粘土）
波《ハ》邇《ニ》夜《ヤ》須《ス》毗《ビ》売《メ》の《ノ》神《カミ》（粘土）
弥《ミ》都《ツ》波《ハ》能《ノ》売《メ》の《ノ》神《カミ》（水）
和《ワ》久《ク》産《ム》巣《ス》日《ヒ》の《ノ》神《カミ》（農業）

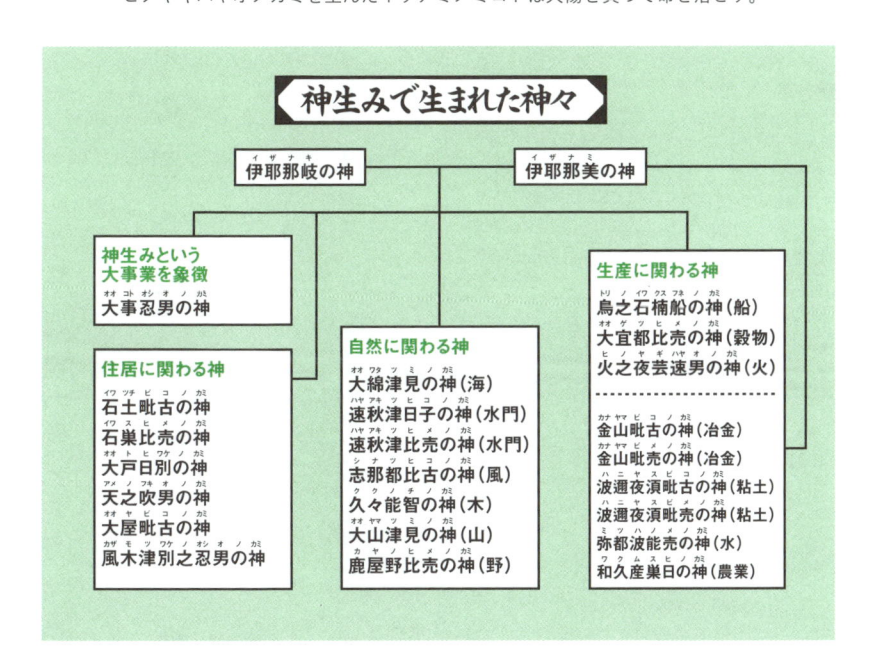

黄泉の国めぐり

イザナミに会うため黄泉の国へ

イザナキノミコトはイザナミノミコトに会いたい気持ちを抑えきれず、**黄泉《よみ》の国《くに》**へ向かいました。イザナミノミコトが固く閉じた御殿の戸を開けて現れると、イザナキノミコトは、

「愛しい妻よ。私たちはまだ国づくりを完成させていないではないか。どうか一緒に帰ろう」

と語りかけました。

「残念です。私はもう黄泉の国の食べ物を口にしてしまったので戻れません。けれども、愛しいあなたが訪ねてくださったのですから、叶うならば一緒に帰りたい。黄泉の国の神に相談してまいりますので、その間、決して私を見ないでください」

イザナミノミコトは、そういい残して御殿のなかへ戻っていきました。イザナキノミコトはいわれたとおりに待ち続けたものの、イザナミノミコトはいっこうに姿を現しません。

待ちきれなくなったイザナキノミコトは、髪にさしていた神聖な櫛《くし》の歯を一本折ると一つ火*をともし、真っ暗な御殿のなかへ入っていきました。

そこでイザナキノミコトが目にしたのは、変

イザナキは雷神と1500の軍勢に追われた。

人間の生と死の起源

＊　一つ火は、古代において不吉なものとされ禁忌だった。

禁忌を破ったイザナキノミコトが御殿のなかで目にしたものは……。

いまに生きる古事記

お供えの由来は“黄泉戸喫”

イザナミノミコトは、「黄泉の国の食べ物を食べたので戻れない」と話します。黄泉の国の竈《かまど》で煮炊きした食べ物を食べることを“黄泉戸喫《よもつへぐい》”といいます。“黄泉戸喫”をすると、その世界の一員となってしまい、もといた世界には戻れなくなるのです。このような話は、ギリシャ神話にも見られ、現代の映画やアニメなどにもとり入れられています。古代には、死者が現世に戻らないよう、遺体に食べ物を備え供養する習わしがありました。仏壇にお供えをすることとも関わるかもしれません。

「見てはいけない」の禁忌

イザナキノミコトは、「決して私を見ないで」といわれたにもかかわらず、イザナミノミコトの正体を見てしまいます。このような話は、日本の昔話にも多く見られます。鶴の恩返しなどの異類婚姻単《いるいこんいんたん》がこのパターンに含まれます。約束を破った場合は必ず別離が訪れます。

わり果てたイザナミノミコトの姿でした。

体には無数の蛆《うじ》がゴロゴロと音をたてて這い回り、頭や腹、女陰などからオオイカズチ（大雷）など八種の雷神が生まれ出たところだったのです。イザナキノミコトは慌てて逃げ出しました。

それに気づいたイザナミノミコトは、激怒し、すぐにヨモツシコメ[*1]（予母都志許売）たちに命じて、あとを追わせました。

逃げる途中でイザナキノミコトが髪につけていた髪飾りを投げると、たちまち山ブドウの実がなりました。

櫛の歯を折りとって投げると今度は筍《たけのこ》が生えてきます。

ヨモツシコメたちがむしゃぶりついて食べている隙にイザナキノミコトは逃げ続けました。

しかし、八種の雷神と一五〇〇の黄泉の軍勢が迫ってきます。

イザナキノミコトは腰に差していた剣を抜き、後ろ手に振り回しながら走り続けました。黄泉の国の軍勢はそれでも執拗に追い迫り、ついに、**黄泉《よも》つひら坂《さか》**という黄泉の国と現世との境にある坂道の麓《ふもと》まで追ってきました。

イザナキノミコトは一本の桃の木を見つけると急いで桃[*2]の実を三つとり、投げつけました。するとどうしたことか、黄泉の国の軍勢は逃げ帰りました。

イザナキノミコトは、桃の木に感謝しました。

「私を助けてくれたように、**葦原《あしはら》の中《なか》つ国《くに》**の人々が苦しい目にあい困っているときには助けてやってほしい」

といって、オオカムズミノミコト（意富加牟豆美の命）という神の名を与えました。

＊1　黄泉の国の醜悪な女で、死の穢れをあらわす。
＊2　古代より、桃の実には霊力があるとされていた。

古事記伝承の地をめぐる

黄泉の国めぐり

島根県には、黄泉の国に関わる伝承地がいくつもあります。

黄泉つひら坂伝承地の一つ。「神蹟黄泉比良坂伊賦夜坂伝説地」と記された石碑が立っています。島根県松江市。

黄泉つひら坂近くにある揖夜《いや》神社。イザナミノミコトを祀る。島根県松江市。

黄泉の国への入り口とされる猪目《いのめ》洞窟。島根県出雲市。

「呪的逃走譚」

イザナキの黄泉国からの逃走は身につけていたものを投げつけることによって追っ手を止めるという型で、昔話の「三枚のお札」と共通すると言われます。また、一瞬で髪飾りを山葡萄に変え、櫛を筍に変えるといった、まさに神業のことを、「幻術」として捉える見方もあります（中村啓信『新・古事記物語』講談社学術文庫、1984年参照）。

現世と黄泉の国の境にあたる場所で、離別の言葉を交わすイザナキとイザナミ。

軍勢は退けましたが、最後にイザナミノミコトが自ら追いかけてきました。イザナキノミコトは、千人がかりでようやく動かせる巨大な岩を坂道に引き据え、岩を挟んでイザナミノミコトと対峙しました。

「愛しい夫よ。あなたがこのようなひどい仕打ちをするのなら、私は一日に一〇〇〇人を絞め殺しましょう」

恐ろしい言葉を口にするイザナミノミコトに対し、イザナキノミコトがいいました。

「愛しい妻よ。そなたがそうするというのなら、私は一日に必ず一五〇〇の産屋を建てることにしましょう」

かくして***現世では一日に必ず一〇〇〇人が死に、一五〇〇人が生まれるようになりました。**

この場所は、いまの出雲の国の伊《い》賦《ふ》夜《や》坂《さか》のことだといわれています。

＊　この出来事が人間の「生と死」の起源とされている。

アマテラスの誕生

【イザナキから三貴子が生まれる】

禊で生まれた神々

　葦原の中つ国へようやく帰り着いたイザナキノミコトですが、その体や身の回りの品々には黄泉の国の穢《けが》れが染みついていました。まずは禊《みそぎ》をして、それらを清めなければなりません。

　そこで、イザナキノミコトは、竺紫《つくし》の日向《ひむか》の橘《たちばな》の小門《おど》の*阿波岐原《あわきはら》へ出かけ、禊をするため、身につけていたものを次々とはずしました。すると、杖・帯・小物入れ・上着・袴・冠・腕輪などから、あわせて十二柱の陸路の神と海路の神が生まれました。

「上流の流れは急だが、下流は穏やかだ」

　イザナキノミコトがそういって、川のなかで禊をはじめると、次々と神が生まれました。全部で二十四柱の神々です。

　さて、イザナキノミコトは最後に顔を洗いました。左の目を洗ったときに生まれたのが**太陽の神、アマテラスオオミカミ(天照大御神)**、右の目を洗ったときに生まれたのが**月の神、ツクヨミノミコト(月読の命)**、鼻を洗ったときに生まれたのが**嵐の神、タケハヤスサノオノミコト(建速須佐之男の命)**です。

「私はたくさんの子を生んだが、最後に、**三柱**

スサノオは赤ん坊のように泣き続けた。

＊　阿波岐原は、宮崎市の江田神社付近とされる。

川に入って禊を行なったイザナキノミコトは多くの神々を生んだ。

の貴い子（三貴子）を得ることができた」

イザナキノミコトはそういってたいそう喜び、すぐさま自分がかけていた首飾りを外しました。そして、

「おまえは高天の原を治めなさい」

といい、アマテラスオオミカミに授けました。**この首飾りの名をミクラタナノカミ（御倉板挙の神）といいます**。ついで、ツクヨミノミコトには夜の国を、タケハヤスサノオノミコト（以下、スサノオノミコト）には、海原の統治を委任しました。

ところが、スサノオノミコトは統治を任せられた海原へ行こうともせず、あごひげが伸びて胸元に届くようになっても、泣きわめいてばかりいました。

青々とした山を枯らし、海や川がことごとく干上がってしまう泣き様です。

イザナキノミコトの禊から生まれた神々

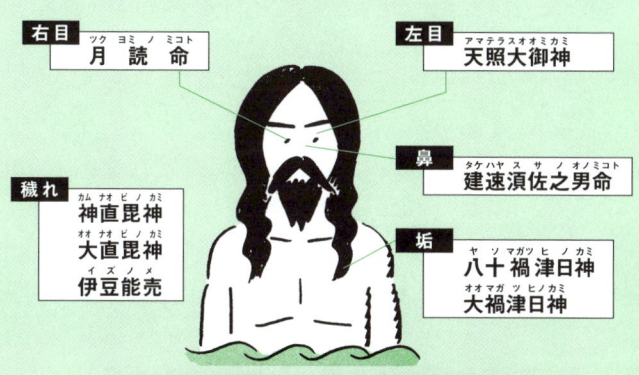

	綿津見三神	住吉三神
水面	上津綿津見神《ウワツワタツミノカミ》	上筒之男命《ウワツツノオノミコト》
水中	中津綿津見神《ナカツワタツミノカミ》	中筒之男命《ナカツツノオノミコト》
水底	底津綿津見神《ソコツワタツミノカミ》	底筒之男命《ソコツツノオノミコト》

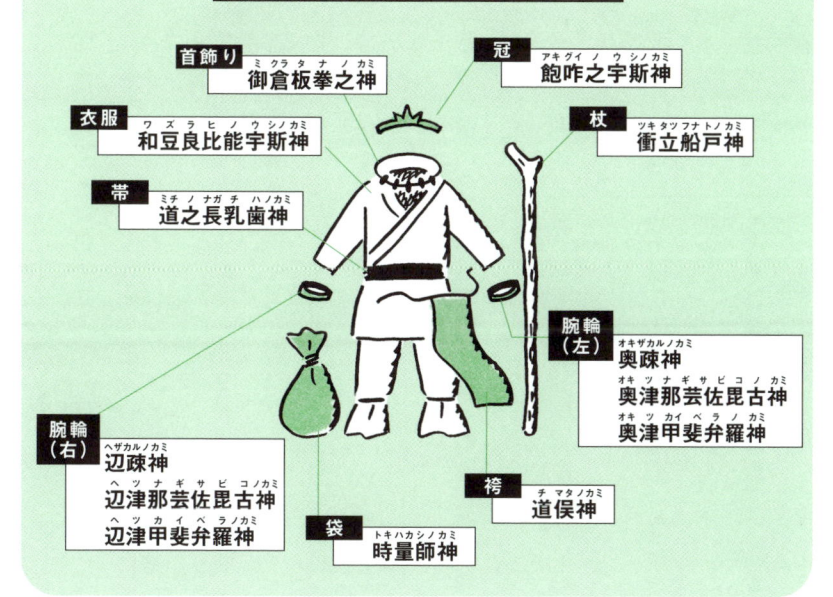

三貴子の誕生

太陽の神、月の神、嵐の神である三貴子が生まれます。アマテラスオオミカミとスサノオノミコトは、『古事記』の主要な神としてこの後も物語をけん引します。

アマテラスオオミカミ

光り輝く太陽の神。現在は皇室の祖神として伊勢神宮の内宮に祭られている。

スサノオノミコト

勇猛に荒ぶる嵐の神。農耕神、文化神、海洋神など、さまざまな神格をもつ。

ツクヨミノミコト

夜を統べる月の神。この後、『古事記』には一度も登場しない。

これにより悪しき神が一斉に目を覚まし、妖鬼悪霊の騒ぐ声が世のすみずみにまで響きわたり、葦原の中つ国にあらゆる災いが起こりました。

たまりかねたイザナキノミコトが、

「どうして海原の国へ行かない。なぜ泣きわめいてばかりいるのだ」

と尋ねると、スサノオノミコトはこう答えました。

「私は亡き母のいる根《ね》の堅《かた》州《す》国《くに》に行きたくて仕方がないのです」

イザナキノミコトはそれを聞いてたいそう怒り、

「それならばおまえはこの国に住んではならない！」

といい、**スサノオノミコトを葦原の中つ国から追放**しました。

アマテラスとスサノオの誓約

アマテラスとスサノオから八柱の神が誕生

スサノオの勝利宣言

葦原の中つ国から追放されたスサノオノミコトは、

「亡き母のいる根の堅州国へ向かう前にアマテラスオオミカミを訪ね、経緯を説明してから行くことにしよう」

と呟き、高天の原にのぼりはじめました。

すると、山や川がことごとく大きな音を立てながら激しく揺れ動きました。これに驚いたのがアマテラスオオミカミです。

「わが弟が高天の原にのぼってくるのは、何かたくらみがあるからにちがいない。わが国を奪うつもりではないか」

そういって、ただちに迎え撃つ準備をはじめました。

まず、髪を解いて、みづらという男の髪型に改めました。髪の左右の束と左右の手首、額にはそれぞれ、高天の原の権威と呪力の象徴である勾玉《まがたま》を数多く連ねた玉の緒を巻き、背中には一〇〇〇本もの矢が入るほどの大きな矢筒を背負いました。腹には五〇〇本の矢が入る大きな矢筒を巻きつけ、腕には弓弦があたると凄まじい響きを発する防具をつけます。そして、堅い地面を粉雪のように蹴散ら

アマテラスは男の姿でスサノオと対峙した。

し、太ももまで没するほどの力で踏みしめて、弟と対峙したのです。

　スサノオノミコトは身の潔白を主張しましたが、アマテラスオオミカミは、なかなか信じようとしません。そこで、弟の提案に従い、白黒の判断を*1誓約《うけい》に委《ゆだ》ねることにしました。

　まず、アマテラスオオミカミがスサノオノミコトから剣を受けとり、それを三つに折ってから聖水をふりかけ、口のなかに入れて粉々に噛み砕いて、霧状の息を吹き出しました。すると、そこからタキリビメノミコト（多紀理毗売の命）ら三柱の女神が生まれました。

　次に、アマテラスオオミカミから五つの玉の緒を受けとり、スサノオノミコトが同じようにして吐き出すと、そこからはアメノオシホミミノミコト（天の忍穂耳の命）ら五柱の男神が生まれました。これを見て、アマテラスオオミカミはスサノオノミコトにいいました。

「後に生まれた五柱の男神は私の持ち物から生まれたのだから、私の子です。三柱の女神はあなたのものから生まれたのだから、あなたの子です」

　タキリビメノミコトら三柱の女神は、宗像《むなかた》大社に祀られています。また、男神の*2アメノホヒノミコト（天之菩卑の命）の子のタケヒラトリノミコト（建比良鳥の命）は出雲《いずも》の国の造《みやつこ》など、アマツヒコネノミコト（天津日子根の命）は*3凡川《おおしかわ》内《ち》の国の造などから祖神として崇《あが》められています。

　さて、誓約の結果はといえば、

「私に邪心がないから、私の持ち物から女神が生まれたのです。これで身の潔白が証明されました。この誓約は私の勝ちです」

　スサノオノミコトはそう宣言しました。

＊1　誓約とは、「祈る」「誓約する」といった意味で、古来より日本に伝わる占いの一種。
＊2　p68 に登場するアメノホヒノカミ（天之菩比の神）と同一の神。表記は原文に従う。
＊3　凡川内の国は、現在の大阪府南部。

アマテラスオオミカミは三柱の女神を、スサノオノミコトは五柱の男神を生んだ。

三柱の女神を祀る宗像大社

宗《むな》像《かた》大社の祭神

宗像三女神	
	多《タ》紀《キ》理《リ》毗《ビ》売《メ》の《ノ》命《ミコト》 (=田《タ》心《ゴリ》姫《ヒメ》の《ノ》神《カミ》) ——沖ノ島・沖《おき》津《つ》宮《ぐう》
	多《タ》岐《キ》都《ツ》比《ヒ》売《メ》の《ノ》命《ミコト》 (=湍《タギ》津《ツ》姫《ヒメ》の《ノ》神《カミ》) ——大島・中《なか》津《つ》宮《ぐう》
	市《イチ》寸《キ》嶋《シマ》比《ヒ》売《メ》の《ノ》命《ミコト》 (=市《イチ》杵《キ》島《シマ》姫《ヒメ》の《ノ》神《カミ》) ——田島・辺《へ》津《つ》宮《ぐう》

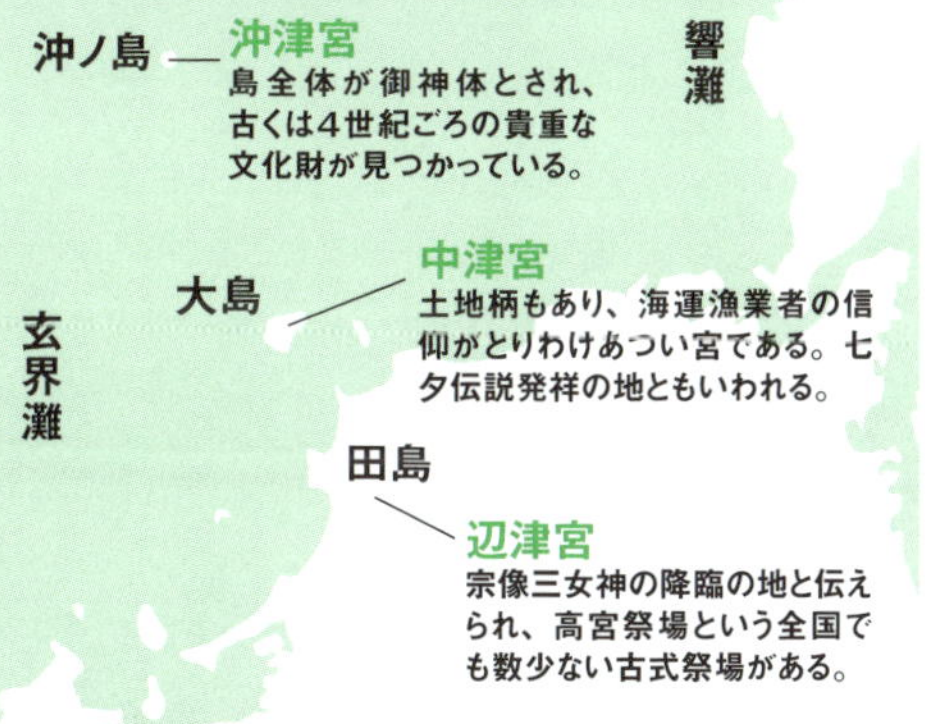
沖ノ島
沖津宮
島全体が御神体とされ、古くは4世紀ごろの貴重な文化財が見つかっている。
響灘
大島
中津宮
土地柄もあり、海運漁業者の信仰がとりわけあつい宮である。七夕伝説発祥の地ともいわれる。
玄界灘
田島
辺津宮
宗像三女神の降臨の地と伝えられ、高宮祭場という全国でも数少ない古式祭場がある。

福岡県宗像市の沖ノ島、大島、田島は、古来、北九州から朝鮮半島への航路の要衝となっており、海上の交通安全を願う渡航者たちからの信仰を集めてきた。3つの宮を総称して宗像大社と呼ばれる。

スサノオの横暴

女神を生んだスサノオが起こした事件

エスカレートする悪業

誓約により身の潔白が証明されたことで思い上がったのでしょうか。それからというものの、スサノオノミコトはアマテラスオオミカミの田の畦《あぜ》を壊し、灌漑《かんがい》用の溝を埋め、新嘗祭《にいなめのまつり》を行なう御殿に糞を撒き散らすなど、**高天の原でまったくのやりたい放題を続けました。**

にもかかわらず、アマテラスオオミカミはスサノオノミコトを一切咎《とが》めません。

「糞のように見えるのは、弟が酒に酔って吐いたもの。田の畦を壊し、溝を埋めたのは、土地を有効に使えると考えてのことでしょう」

そんな姉の心遣いなどおかまいなしに、スサノオノミコトの横暴はひどくなり、さらなる大事件を起こします。

アマテラスオオミカミが神聖な機《はた》織りの御殿に入って、機織り女たちに神に捧げる衣を織らせていたときのことです。

スサノオは高天原で暴れまわった。

スサノオノミコトは御殿の屋根に穴をあけ、尻のほうから皮を剥《は》いだ馬を投げ入れたのです。すると、驚いた機織りの女の一人は、誤って自分の女陰に梭《ひ》(舟形をした機織り道具)を突き刺し死んでしまいました。アマテラスオオミカミはこれを見て、嫌悪の情に身を震わせました。

スサノオノミコトは神聖な機織りの御殿に皮を剥いだ馬を投げ入れた。

スサノオの横暴

新嘗祭は皇室の最重要儀礼としていまも続いている。毎年11月23日に全国の神社で行なわれ、勤労感謝の日の由来にもなっている。

田の畦を壊し、灌漑用の溝を埋める

当時の産業基盤ともいえる田を破壊する

新嘗祭を行なう御殿に糞をまき散らす

収穫に感謝し、豊穣を祈る儀式である新嘗祭を侮辱する行為

逆剥ぎした馬を投げ入れる

逆剥ぎ（尻のほうから皮を剥ぐ行為）は、古代のタブーの一つ

↓

農耕社会を壊滅させ、神聖な権威に反逆しているともとれる行為

天の石屋隠れ

八百万の神々が協議し、アマテラスを迎え出す

機織りの女の死に心を痛めたアマテラスオオミカミは、洞窟の入り口である**天《あめ》の石屋《いわや》**を開き、そのなかに籠《こ》もってしまいました。すると世界が真っ暗になり、高天の原が暗闇に包まれると、葦原の中つ国もことごとく暗闇に覆われて、魑魅魍魎《ちみもうりょう》たちがわが世の春を謳歌するようになります。

この異常事態を受け、困り果てた八百万《やおよろず》の神々は天《あめ》の安《やす》の河原《かわら》に集まり、対策を協議しました。

その結果、タカミムスヒノカミの子である知恵の神、オモイカネノカミ（思金の神）が考えた策が実行に移されることになりました。それは「祭り」です。

暗闇に覆われる天上界と下界

神々はさっそく準備にとりかかりました。

まず、常世《とこよ》の長鳴《ながなき》鳥《どり》（ニワトリの古称）を鳴かせました。そして次に祭りに使う道具を準備します。**天の安の河原の固い石と天《あめ》の金山《かなやま》の鉄から大きな鏡**をつくらせ、それから、＊**八尺《やさか》の勾玉《まがたま》を連ねた玉の緒**をつくらせました。のちに「**三種《さんしゅ》の神器《じんぎ》**」になるうちの二種がこれです。

神々は大きな鏡と勾玉をつくらせた。

そして、楮《こうぞ》製の白い布と麻製の青い布を垂れ

＊「八」は日本の聖数。「尺」は長さを表す単位で、一尺は約30㎝。

アマテラスが石屋に籠もると天も地も闇に包まれた。

いまに生きる古事記

宮崎県高千穂町で行なわれる夜神楽。民家などに氏神を招き、夜を徹して神楽を奉納する。天の石屋隠れの際のアメノウズメノミコトの踊りがはじまりとされている。手力雄の舞、鈿女の舞、戸取の舞など、石屋隠れにもとづく踊りが披露される。

古事記伝承の地をめぐる

天の石屋

天の石屋神話は、さまざまな形でその伝承を見ることができます。

八百万の神々が集った天の安の河原と伝えられる岩戸川。宮崎県高千穂町。おびただしい数の石積みが散在している。

伊勢神宮。三重県伊勢市。アマテラスを呼び戻す祭祀で使われた鏡が祀られている。

下げた真賢木《まさかき》などの品々が揃うと、フトダマノミコト(布刀玉の命)がそれらを供え物として捧げ持ち、アメノコヤネノミコト(天の児屋の命)が祝詞を唱えました。戸の側にはアメノタヂカラオノカミ(天の手力男の神)が身を潜めると、いよいよ祭りがはじまります。

戸の前に逆さに置かれた桶《おけ》の上で芸能の神、アメノウズメノミコト(天の宇受売の命)が踊りはじめました。激しい踊りのために衣装がたちまち乱れ、両方の乳房があらわとなり、腰の紐《ひも》が陰部のあたりまでずり下がります。これを見て、八百万の神々は高天の原が揺れ動くほどにどっと笑い声をあげました。

その声は当然、石屋のなかのアマテラスオオミカミの耳にも届きました。不思議に思い、戸を少しだけ開けて問いかけるアマテラスオオミカミに、アメノウズメノミコトが答えます。

「そなた様より尊い神がおいでなので、みな喜んでいるのでございます」

その隙《すき》にアメノコヤネノミコトとフトダマノミコトがすっと鏡を差し出すと、アマテラスオオミカミは、鏡に映った自分の姿を見て、同じような太陽の神がいるのかとますます不思議に思って、そろりと身を乗り出して外を覗《のぞ》こうとしました。

そのときです。戸の側にいたアメノタヂカラオノカミがアマテラスオオミカミの手をとり、外へ引き出しました。

同時にフトダマノミコトがアマテラスオオミカミの背後に注連縄《しめなわ》を張り、石屋に再び入れないようにしました。

かくしてアマテラスオオミカミが外へ出ると再び太陽が昇り、**高天の原も葦原の中つ国ももとの明るさをとり戻した**のです。

天の石屋隠れで活躍した神々

アマテラスオオミカミを戻そうと、七柱の神々が祭祀を行なった。

オモイカネノカミ
知恵の神。「深謀遠慮」の能力があるとされ、思慮分別に優れる。

イシコリドメノカミ
鏡づくりの祖であり、三種の神器となる八《や》咫《た》の鏡をつくった。

タマノオヤノミコト
玉つくりの祖。三種の神器となる、八尺の勾玉をつくった。

アメノコヤネノミコト
古代日本において天皇家の祭祀を司どった中臣氏の祖神。祝詞の神ともいわれる。

フトダマノミコト
「フトダマ」は「立派な玉」の意で祭りに用いる神聖な玉に由来する名。祭祀では、玉や鏡をとりつけた賢木を持った。

アメノウズメノミコト
芸能に従事した猿女君の祖であり、女神。巫女的な役割を担い、天孫降臨の場面でも活躍する。

アメノタヂカラオノカミ
手に力を持った男神、怪力の神。石屋に閉じこもったアマテラスを、石の扉を開け外へ引き出した。

五つの穀物と蚕の誕生

養蚕と農業のはじまり

高天の原を追放されたスサノオ

八百万《やおよろず》の神々は再び話し合いを行ない、その結果、スサノオノミコトに神々に供えるための贖罪《しょくざい》の品物を山ほど出させ、ひげと手足の爪を切ってお祓《はら》いをしたうえで、高天の原から追放することに決めました。

高天の原を追われたスサノオノミコトは、オ*オゲツヒメノカミ（大気都比売の神）のところへ立ち寄り、食べ物を求めました。オオゲツヒメノカミは鼻や口、尻の穴などからいろいろな食べ物をとり出し、それを調理して差し出しました。

その様子を見たスサノオノミコトは、汚れた食事を出されたと憤慨し、すぐさまオオゲツヒメノカミを殺してしまいました。

殺された**オオゲツヒメノカミの体からは、さまざまな物が生まれました。**

頭からは蚕《かいこ》が、両の目からは稲の種が、両の耳からは粟《あわ》が、鼻からは小豆が、女陰からは麦が、そして尻からは大豆が生まれました。

そこで別天つ神であるカムムスヒノカミがこれをとってこさせて種にし、それが養蚕と農業のはじまりとなったのです。

スサノオはオオゲツヒメノミコトに怒った。

＊　P23 に登場するオオゲツヒメノカミ（大宣都比売の神）と同一の神。表記は原文に従う。

オオゲツヒメノカミが生んだ五穀と蚕は、農業と養蚕のはじまりを象徴する。

農耕文化特有の神話

オオゲツヒメの「オオ」は「大」、「ゲ(ケ)」は「食べ物」をあらわす言葉で、穀物神であることがわかります。オオゲツヒメにまつわる神話の原型となっているとされている説話がインドネシアにあります。女神の死から食べ物が生まれるというストーリーは同じですが、インドネシアの説話の場合、女神の死からはイモが生まれます。日本でも古くはイモの起源として語られていたものが、稲作が広まることで、五穀の起源神話に変化していったと考えられます。

オオゲツヒメはすでに古事記に登場していた

オオゲツヒメは、イザナキとイザナミによる国生みの際、伊予之二名島（四国）のなかの阿波国の名前として現れています。なぜ阿波国の名をオオゲツヒメとしたのかについては、阿波を穀物の「粟」にかけたとも考えられますが、穀物神のオオゲツヒメが祀られていたために、“アワ”の国と呼ばれるようになったとする説もあります。

阿波国、現在の徳島県。

二

八岐の大蛇を退治

スサノオは荒ぶる神から英雄に

高天の原を追われたスサノオノミコトは出雲の国の肥《ひ》の川のほとり、名を鳥髪《とりかみ》というところに降り立ちました。

このとき、肥の川に箸《はし》が流れ下ってきたので、スサノオノミコトは川上に人が住んでいるのだと思い、流れに沿って上流に進みました。すると、やはりそこには家があり、どうしたことか、若い娘を間にはさんで、老爺と老婆が涙に暮れている姿があったのです。

素性を尋ねるスサノオノミコトに、老爺が答えました。

「私は国《くに》つ神《かみ》*（葦原の中つ国の神）のオオヤマツミノカミの子で、名をアシナヅチ（足名椎）といいます。妻の名はテナヅチ（手名椎）、娘の名は**クシナダヒメ（櫛名田比売）**と申します」

ついで泣いている理由を尋ねると、アシナヅチはこういいました。

「私にはもともと八人の娘がいたのですが、**毎年高志《こし》に棲む八岐《やまた》の大蛇《おろち》が娘を一人ずつ食らっていきます**。残る娘は一人だけになりました。そして、今年も八岐の大蛇が現れる時期がきてしまったのです」

大蛇との闘い

スサノオは草薙剣を手に入れた。

＊　国つ神は高天の原の天つ神に対し、へりくだって用いる表現。

須佐之男の命から大国主の神までの系図

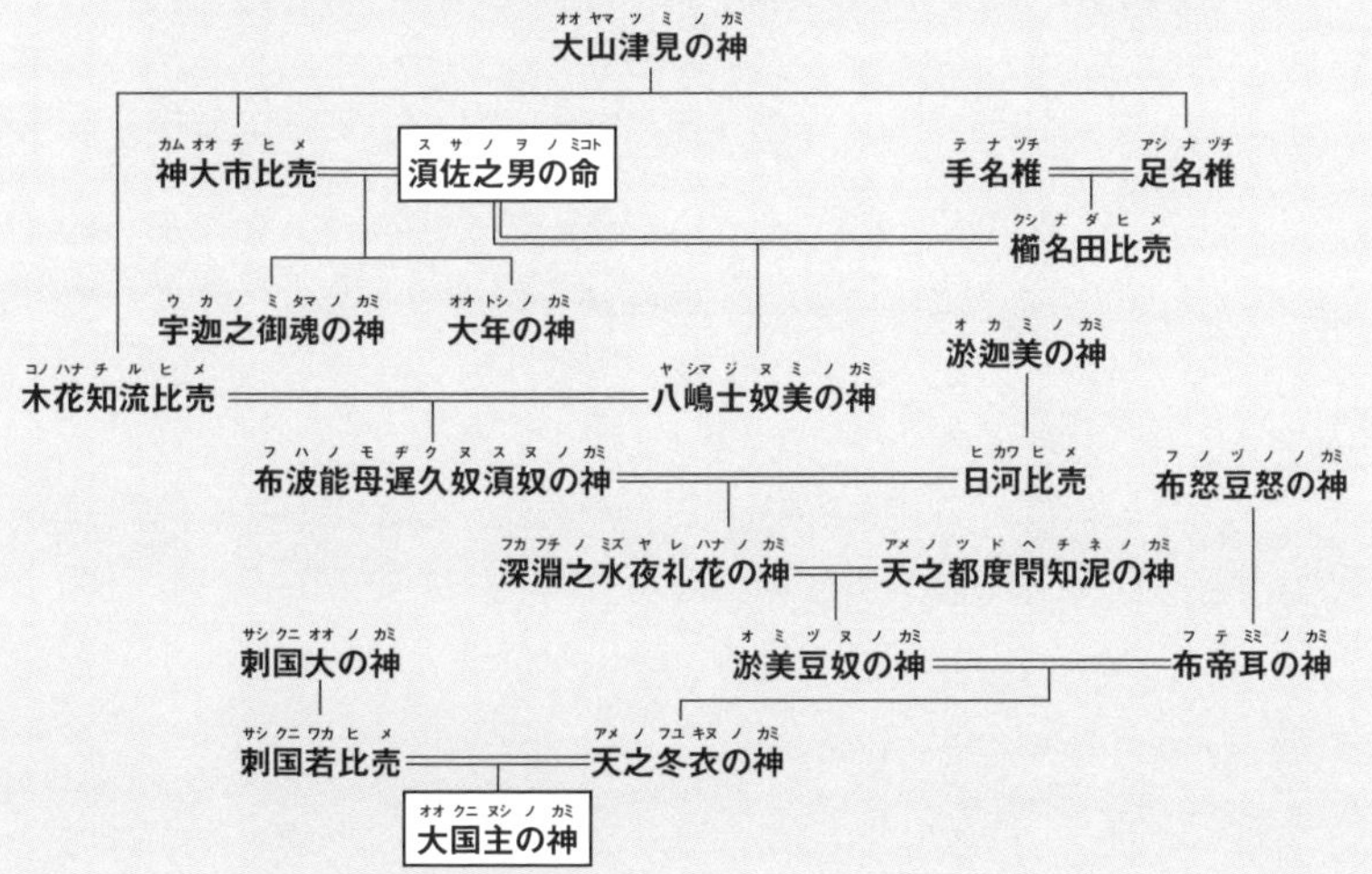

古事記伝承の地をめぐる

斐《ひ》伊《い》川

八岐の大蛇神話のモデルになったとされるのが島根県にある斐伊川です。

斐伊川。島根県東部および西部を流れ、宍道湖に注ぐ。土砂の堆積がいくつもあり、氾濫をくり返してきた。

5つの名をもつオオクニヌシ

このオオクニヌシは、『古事記』のなかで5つの名があると語られています。

大国主の神（オオクニヌシノカミ）
「国土の主の神」を意味する。

大穴牟遅の神（オオアナムヂノカミ）
「ナ」が土地を意味するなど、その名の由来には諸説ある。

葦原の色許男の神（アシハラノシコオノカミ）
葦原は地上界、「シコオ」は強靭な男を意味する。

八千矛の神（ヤチホコノカミ）
矛は権力や武力の象徴。「多くの矛を持つ神」を意味する。

宇都志国玉の神（ウツシクニタマノカミ）
「ウツシ」は現世をあらわし、「国玉」は国土の神を意味する。

アシナヅチがいうには、その大蛇の目は赤く熟したほおずきのようで、一つの胴体に八つの頭と八つの尾があり、胴体にはヒノキやスギが生え、体長は谷を八つ、尾根も八つ渡るほど大きいとのこと。そしてその腹は爛《ただ》れ、いつも血がにじんでいるのだそうです。

スサノオノミコトは、クシナダヒメを妻に欲しいと持ちかけました。そして、問われるまま素性を明かすと、アシナヅチとテナヅチは声を揃えて、承諾しました。

スサノオノミコトはすぐさまクシナダヒメを櫛の姿に変えて自分の髪にさすと、アシナヅチとテナヅチに芳醇《ほうじゅん》な酒を醸造するようにいいました。

そして、八つの門を備えた垣根をめぐらし、門ごとに供物の台をこしらえ、酒用の桶を置いて、それに酒を満たしておくように命じます。

準備を整え待っていると、アシナヅチがいっていたとおりの姿をした大蛇が現れました。大蛇は八つの桶にそれぞれの頭を入れ、なかの酒を飲み干すと、酒に酔って動けなくなり、そのまま寝入ってしまいました。

これを待って、スサノオノミコトが剣を抜いて斬りかかります。肥の川の水は真っ赤な血の色に染まりました。

そして大蛇のなかほどの尾を斬ったとき、何か堅いものに当たって剣の刃がこぼれました。不思議に思ったスサノオノミコトがその部分を裂くと、大蛇の尾から神々しい刀が出てきました。

スサノオノミコトはアマテラスオオミカミに遣《つか》いを送り、この刀を献上することにしました。**これがのちに「三種の神器」の一つになる草薙《くさなぎ》の剣《つるぎ》です**。

八岐の大蛇と戦ったスサノオノミコトは大蛇の体内から草薙の剣を見つけた。

いまに生きる古事記

須我神社。島根県雲南市。スサノオを祀る。全国に存在するが、島根県、高知県に特に多く見られる。雲南市にある須我神社は、スサノオとクシナダヒメを祭神としている。この神社から約2kmの八雲山の山中には、奥宮があり、スサノオとクシナダヒメの遺霊石として巨大な夫婦岩がある。

島根県石見地方に伝わる石見《いわみ》神楽。八岐の大蛇神話を題材とした演目が舞われる。

須我神社にあるスサノオの記念歌碑。

八雲《やくも》立つ
出雲《いずも》八重垣《やえがき》
妻籠《つまご》みに
八重垣つくる
その八重垣を

(訳)
幾重にも
雲は立ちのぼる
その名も出雲の国に
幾重もの雲が
新妻を守るかのように
幾重にも
垣根をめぐらす
すばらしい
八重の垣根よ

日本最古の和歌

「八雲立つ――」これは、スサノオが立派な宮を讃え、出雲の豊かさを詠んだ歌です。『古今和歌集』を編んだ紀貫之は、このスサノオの歌が日本で最初の和歌だといっています。

戦いが終わると、スサノオノミコトは、出雲の国のなかで自分の宮殿を建てるべき場所を探しまわりました。

そしてある土地に来たとき、とてもすがすがしい気持ちになったので、そこを新居と定めました。ゆえにその土地はいまでも*須賀《すが》と呼ばれています。

さて、宮殿が完成したとき、まるで祝福でもするかのように、その土地から雲が上がりました。感銘を受けたスサノオノミコトは歌を詠みました。

スサノオノミコトとクシナダヒメとの間には、ヤシマジヌミノカミ(八嶋士奴美の神)という名の神が生まれました。

そしてそれから代を重ね、スサノオノミコトの六世の子孫として**オオクニヌシノカミ(大国主の神)**が生まれました。

＊ 須賀は鳥取県雲南市大東町須賀。

稲羽の素兎

【オオクニヌシノカミが素兎を救う】

オオクニヌシノカミは、はじめは**オオアナムヂノカミ（大穴牟遅の神）**と呼ばれており、八十神《やそがみ》と総称される腹違いの兄弟神がたくさんいました。

その誰もが*稲羽《いなば》（因幡）の**ヤカミヒメ（八上比売）**を妻にしたいと考えていました。

兄弟神たちは求婚のために連れ立って稲羽の国へ出かけました。

若いオオアナムヂノカミは荷物を背負わされて従者として同行し、行列の一番最後を歩いていました。

途中、気多《けた》の岬（鳥取市の白兎海岸《はくと》）を通りかかったときのことです。そこに**皮を剥《は》がれた丸裸の兎《うさぎ》が倒れ伏していました。**

八十神に騙された素兎

これを見た八十神がからかって、こういいます。

「その体を癒《い》やすには、海水を浴び、風によく当たってから、山の尾根に伏せるがよいぞ」

兎はすぐさま教えられたとおりにやってみました。すると、みるみるうちに塩が乾き、体中がひびだらけになってしまったのです。

あまりの痛さに泣きながらもがき苦しんでい

素兎は八十神に騙されてしまった。

＊　稲羽の八上比売は、因幡の国八上郡（現・鳥取県八頭市）にちなむいいかた。

るところに、八十神一行の最後尾を歩いていたオオアナムヂノカミが通りかかりました。

オオアナムヂノカミが兎に泣いている理由を尋ねると、このように答えます。

「**私は淤岐《おき》の嶋（隠岐島）からこちらの島に渡ろうとして、鰐《わに》（サメのこと）を欺《あざむ》きました。**うまいことをいって、鰐を利用しようと考えたのです。それで『鰐と兎のどちらの一族の数が多いか、数えてあげよう』といい、淤岐の嶋から気多の岬まで鰐を一列に並ばせました。そして、鰐の背中を踏みながら数え、もう少しで陸地というところまできたとき、『あなたたちは私に騙《だま》されたのだ』とうっかり口を滑らせてしまいました。すると、いちばん端にいた鰐に捕まり、こうして体の皮をすべて剥がされてしまったのです」

それから兎は八十神たちに騙されたことも話しました。

それを聞いたオオアナムヂノカミはいいました。

「すぐに河口へ行って、真水でよく体を洗うのです。岸辺に生える蒲黄《ほおう》（ガマの花粉）をとって、それを敷き散らした上に寝て転がればよくなるでしょう」

教えられたとおりにすると、果たして兎の体は元どおりになりました。

この兎がいまも兎神《うさぎがみ》と呼ばれている、稲羽の素兎（シロウサギ）です。

兎はオオアナムヂノカミに感謝して、

「ヤカミヒメを娶《めと》ることができるのは、あなた様でしょう」

そう口にしました。

なお、鳥取市には、稲羽の素兎を祀る白兎神《はくと》社があります。

うまく鰐を利用したつもりが、島を渡りきる直前で捕らえられた素兎。

伝説のワニの正体

『古事記』では、稲羽の素兎神話のほかにも、この後の海佐知山佐知神話でワニが登場します。そこでいまだ論争が続いているのが、「ワニ」は何を指すのかということです。地域によって、鮫をワニと呼ぶところがあるためです。天平5（733）年に成立した『出雲国風土記』では、ワニとサメが区別して記されており、結論はまだ出ていません。

古事記伝承の地をめぐる

稲羽の素兎

スサノオが出雲にいることから、現在の鳥取県東部にあたる因幡をさすと考えられています。

白兎海岸。鳥取県鳥取市。兎が倒れていた場所とされる。

白兎神社。鳥取県鳥取市。白兎海岸から150メートルほどの場所に位置する。周辺には、気多之前や淤岐之島など、稲羽の素兎の物語の舞台とされる場所が存在する。

二 八十神の凶行

【二度生き返ったオオアナムヂノカミ】

木の国から根の堅州国へ

さて、兎の予言は的中しました。

「私は、あなた方の申し入れを受けません。オオアナムヂノカミと結婚します」

ヤカミヒメがそう宣言すると、それを聞いた八十神《やそがみ》たちは激怒しました。そして、話し合いの末、**オオアナムヂノカミを殺すことに決めたのです。**

八十神は伯岐《ほうき》の国の手間《てま》*の山の麓《ふもと》を訪れて、オオアナムヂノカミに、

「この山に赤い猪《いのしし》がいる。私たちが上からその赤い猪を追い下ろすから、そなたは下で待ち受けて必ず捕まえよ」

そう厳命します。しかし、それは猪ではありませんでした。八十神は猪に似た形の大岩を火で真っ赤に焼くと、山の上から転がしました。

そうとは知らない**オオアナムヂノカミは、その赤く焼けた岩を受け止めたまま、焼け死んでしまいました。**

オオアナムヂは燃えた岩を受け止めた。

このことを知ったオオアナムヂノカミの母神である、サシクニワカヒメ（刺国若比売）はたいそう悲しみ、すぐさま高天《たかあま》の原《はら》にのぼり、別天つ神のカムムスヒノミコトに助けを求めました。

＊ 手間の山は、今の島根県米子市南方。出雲国との境にあたる。

オオアナムヂノカミは八十神の執拗ないやがらせに二度も命を落とす。

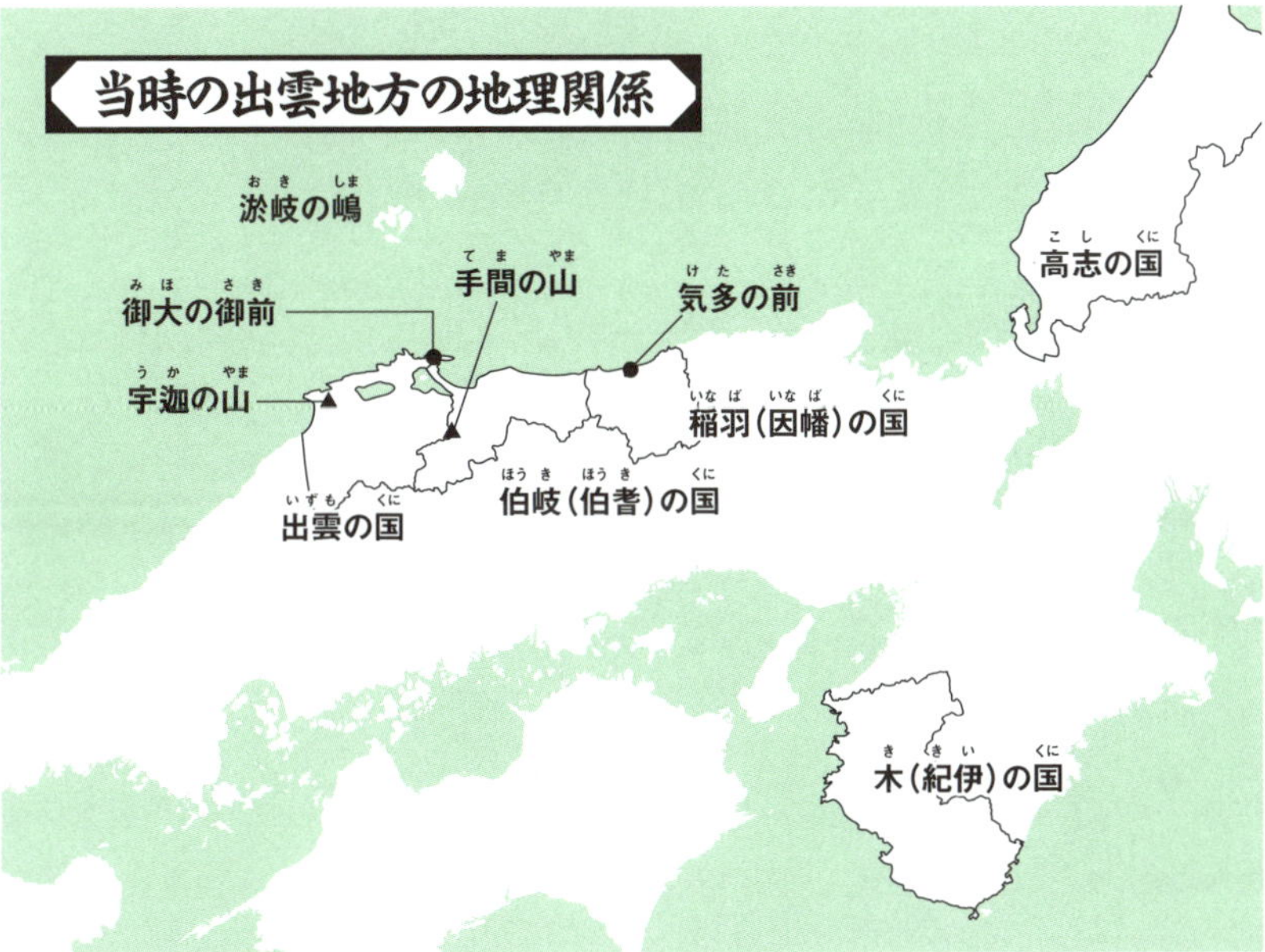

すると、カムムスヒノカミは、**キサガイヒメ（蚶貝比売）とウムガイヒメ（蛤貝比売）**を遣わしてオオアナムヂノカミを生き返らせました。

これを知った八十神はさらなる凶行に及びます。オオアナムヂノカミをまたもや山中に誘い入れると、今度は大木に切り込みを入れて楔《くさび》を打ち込み、その間にオオアナムヂノカミを挟《はさ》むと、楔を引き抜いて、圧死させたのです。

すると、またもや母神のサシクニワカヒメが現れました。母神は悲しみ嘆き、そして、今度は自らの力でオオアナムヂノカミを生き返らせてくれました。

「ここにいるかぎり、いつかは八十神に滅ぼされてしまうでしょう」

サシクニワカヒメは、オオアナムヂノカミにそういうと、その場からすぐに木《き》の国《くに》（紀伊の国）のオオヤビコノカミ（大屋毗古の神）のもとへ走らせました。

しかし、八十神はオオアナムヂノカミの行方《ゆくえ》を四方八方手を尽くして探し求め、とうとうオオアナムヂノカミが木の国にいることを突き止めます。そして、こぞって木の国へ押し寄せました。

八十神は弓に矢をつがえ、オオヤビコノカミにオオアナムヂノカミを引き渡すように迫ります。

しかし、オオヤビコノカミにはそのような気はさらさらありません。

木の股に空いた穴からオオアナムヂノカミをこっそりと逃がすと、別れ際にこういいました。

「**スサノオノミコトがおられる根《ね》の堅州国《かたすくに》へお逃げなさい**。きっとよいように計《はか》らってくれましょう」

古事記の世界の位置関係

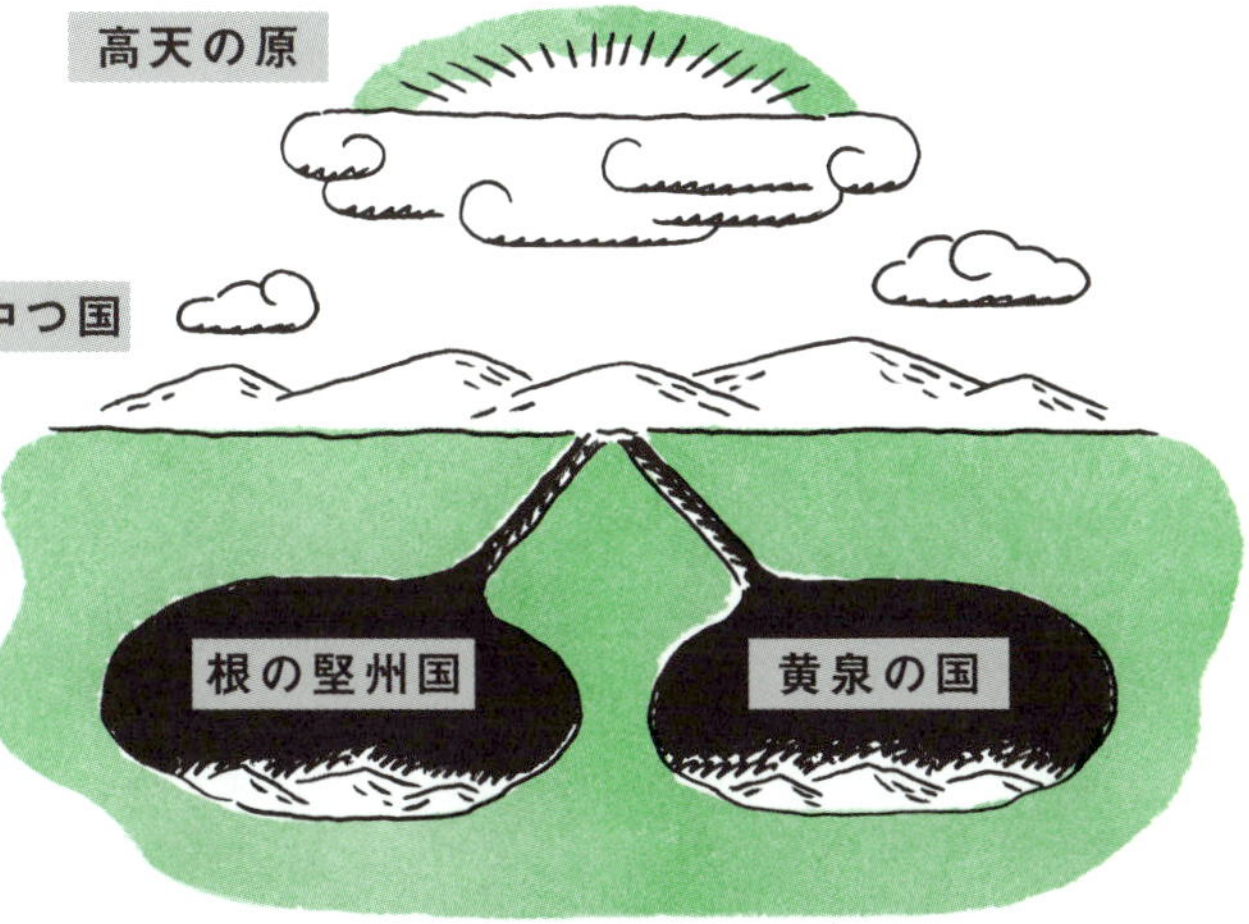

黄泉の国も根の堅州国も地下界であるとするのが一般的だが、
その位置関係には諸説あり、黄泉の国と根の国が同一であるとする見方もある。

古事記伝承の地をめぐる

赤猪岩神社

八十神が最初にオオアナムヂを殺した場面。その物語を伝える場所が残っています。

赤《あか》猪《い》岩《いわ》神社。鳥取県西伯《さいはく》郡。八十神が手間山でオオアナムヂを殺した際に使った大岩が、境内の土中に埋められていると伝わる。

キサガイヒメとウムガイヒメ

キサガイヒメ

赤貝の女神。その貝殻には年輪をあらわす刻が色濃くある。「キサ」にはキサゲ（こそげ取る）の意がある。

ウムガイヒメ

蛤《はまぐり》の女神。「ウム」には母を意味する「オモ」の意味がある。

スサノオが与えた試練

〈スサノオの娘と結ばれたオオアナムヂ〉

スセリビメを正妻に

スサノオノミコトの宮殿の前までやってきたオオアナムヂノカミはスサノオノミコトの娘、**スセリビメ（須勢理毘売）**に出迎えられました。二柱の神は目と目が合うと互いの心が通じ合い、すぐ結婚します。

「とても立派な神がおいでになりました」

娘の知らせに表に出たスサノオノミコトはひと目見ただけでオオアナムヂノカミが何者であるかをいい当てます。

スサノオノミコトはオオアナムヂノカミをなかへ呼び入れ、**蛇《へび》が大量にいる岩屋に案内**し、そこで一夜を明かせと命じました。

オオアナムヂノカミは**スセリビメがくれた呪《じゅ》力《りょく》を持つ布のおかげで蛇の害を免れ、ぐっすり眠ることができました。**

次の夜は**ムカデとハチの巣食う岩屋に入れられますが、**スセリビメが新たにくれた**ムカデとハチ用の布のおかげで、今度もまた無事に岩屋から出ることができました。**

次にスサノオノミコトは、広い**野原に鏑矢《かぶらや》を放つと、オオアナムヂノカミにそれを拾ってくるように命じました。**オオアナムヂノカミが野

オオアナムヂは蛇の岩屋で一夜を過ごした。

スセリビメの父、スサノオノミコトはオオアナムヂノカミに多くの試練を課した。

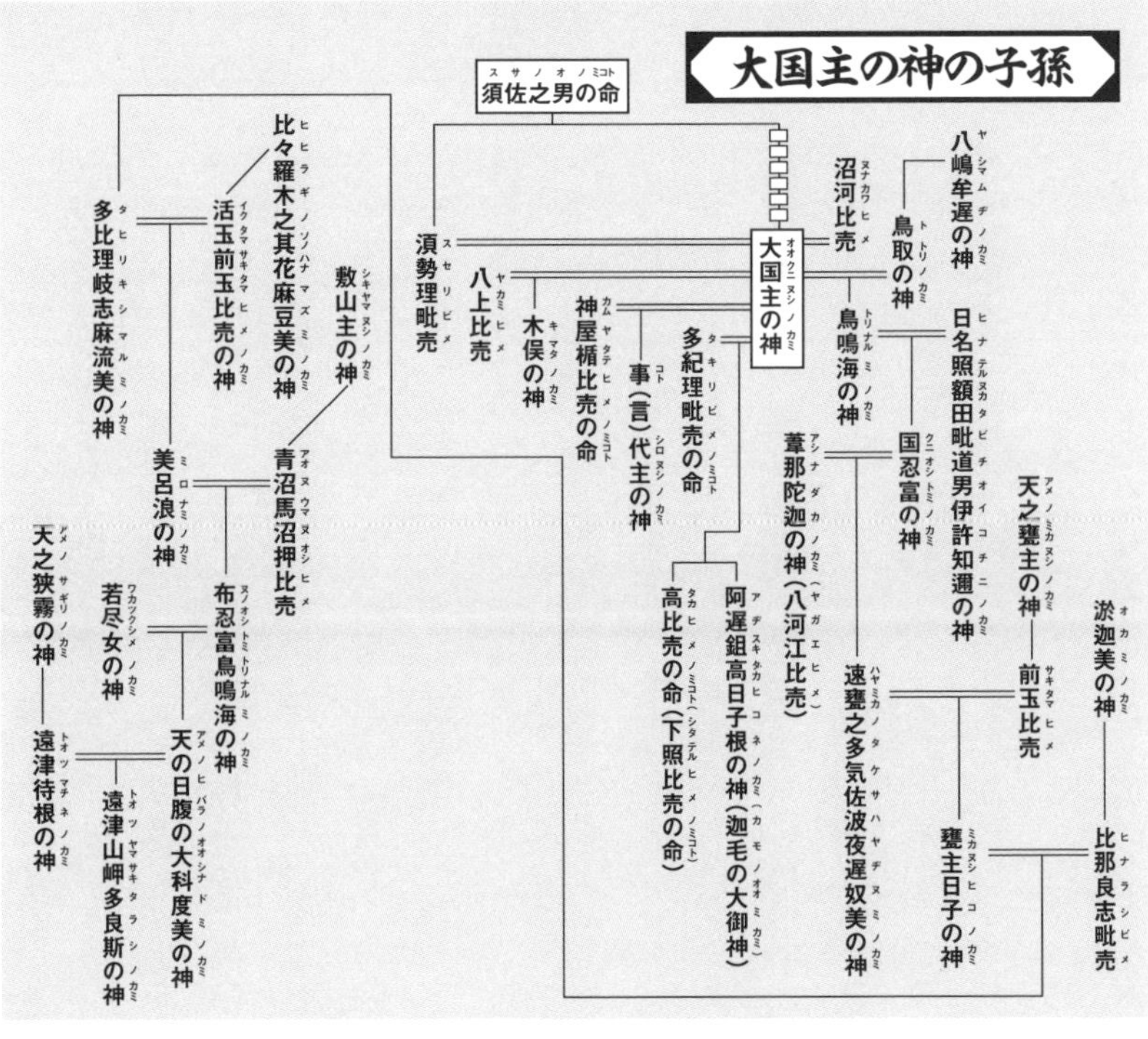
大国主の神の子孫
須佐之男の命《スサノオノミコト》
八嶋牟遅の神《ヤシマムヂノカミ》
沼河比売《ヌナカワヒメ》
鳥取の神《トトリノカミ》
大国主の神《オオクニヌシノカミ》
日名照額田毗道男伊許知邇の神《ヒナテルヌカタビチオイコチニノカミ》
鳥鳴海の神《トリナルミノカミ》
国忍富の神《クニオシトミノカミ》
天之甕主の神《アメノミカヌシノカミ》
淤迦美の神《オカミノカミ》
前玉比売《サキタマヒメ》
比那良志毗売《ヒナラシビメ》
甕主日子の神《ミカヌシヒコノカミ》
速甕之多気佐波夜遅奴美の神《ハヤミカノタケサハヤヂヌミノカミ》
葦那陀迦の神《アシナダカノカミ》(八河江比売《ヤガエヒメ》)
多紀理毗売の命《タキリビメノミコト》
阿遅鉏高日子根の神《アヂスキタカヒコネノカミ》(迦毛の大御神《カモノオオミカミ》)
高比売の命《タカヒメノミコト》(下照比売の命《シタテルヒメノミコト》)
事(言)代主の神《コトシロヌシノカミ》
神屋楯比売の命《カムヤタテヒメノミコト》
木俣の神《キマタノカミ》
八上比売《ヤカミヒメ》
須勢理毗売《スセリビメ》
敷山主の神《シキヤマヌシノカミ》
青沼馬沼押比売《アオヌウマヌオシヒメ》
比々羅木之其花麻豆美の神《ヒヒラギノソノハナマズミノカミ》
活玉前玉比売の神《イクタマサキタマヒメノカミ》
多比理岐志麻流美の神《タヒリキシマルミノカミ》
美呂浪の神《ミロナミノカミ》
布忍富鳥鳴海の神《ヌノオシトミトリナルミノカミ》
若尽女の神《ワカツクシメノカミ》
天の日腹の大科度美の神《アメノヒバラノオオシナドミノカミ》
天之狭霧の神《アメノサギリノカミ》
遠津待根の神《トオツマチネノカミ》
遠津山岬多良斯の神《トオツヤマサキタラシノカミ》

原に分け入ると、スサノオノミコトはただちに野に火をつけ、オオアナムヂノカミの周りをぐるりと炎の壁で覆いました。**オオアナムヂノカミは逃げ場を失いますが、そこに現れた一匹のネズミに助けられ、またもや難を免《まぬが》れます。**

すると、スサノオノミコトはオオアナムヂノカミを大きな岩屋に連れて行き、**今度は自分の頭についている虱《しらみ》をとるよう命じました。**見れば、頭には虱ではなく、無数のムカデが這い回っています。

オオアナムヂノカミが途方に暮れていると、スセリビメはそっと椋《むく》の実と赤土を手渡しました。スセリビメの知恵を借りたオオアナムヂノカミは、ムカデをとるふりをして口のなかで椋の実を噛み潰し、赤土といっしょに吐き出しました。

それを見たスサノオノミコトはムカデを噛み砕いては吐き出しているのだと勘違いし、可愛い奴だと心を許し、眠ってしまいます。

その隙に**オオアナムヂノカミはスサノオノミコトの髪を束ね、太い柱に結びつけると、戸口を大きな岩でふさぎました。**そして、スセリビメを背負うと、スサノオノミコトの宝物である生太刀《いくたち》と生弓矢《いくゆみや》、天《あめ》の沼琴《ぬごと》を携えて一目散に逃げ出します。

そのとき琴が木に触れ、大地も揺れ動くほどの大きな音が響き渡りました。

スサノオノミコトはその音ではっと目覚めましたが、髪を結ばれているためすぐには追いかけることができません。ようやく走り出したスサノオノミコトは黄泉《よも》つひら坂《さか》まで来たところで追跡を断念し、大声で叫びました。

「おまえが掠《かす》めた生太刀と生弓矢で、腹違いの兄弟である八十神たちをとことん追いつめなさ

スサノオから逃れたオオアナムヂはオオクニヌシノカミとなって国づくりをする。

オオクニヌシの成長

はじめは、八十神にされるがままだったオオアナムヂだが
試練を乗り越えるごとに成長を遂げ、ついに国をつくるまでになる。

八十神の凶行

↓

無抵抗のまま八十神に2度も殺され、
母神などによって命をとり戻す

↓

根の堅州国

蛇退治 / 炎からの脱出 / ムカデの危険を回避 → 根の堅州国（スサノオ）からの脱出

スサノオからの試練を乗り越える
スセリビメやネズミに助けられながらスサノオからの
試練を乗り越える

↑

オオクニヌシとなり
国づくりを行なう

ついに自力で
スセリビメを連れ出し、
葦原の中つ国へ戻る

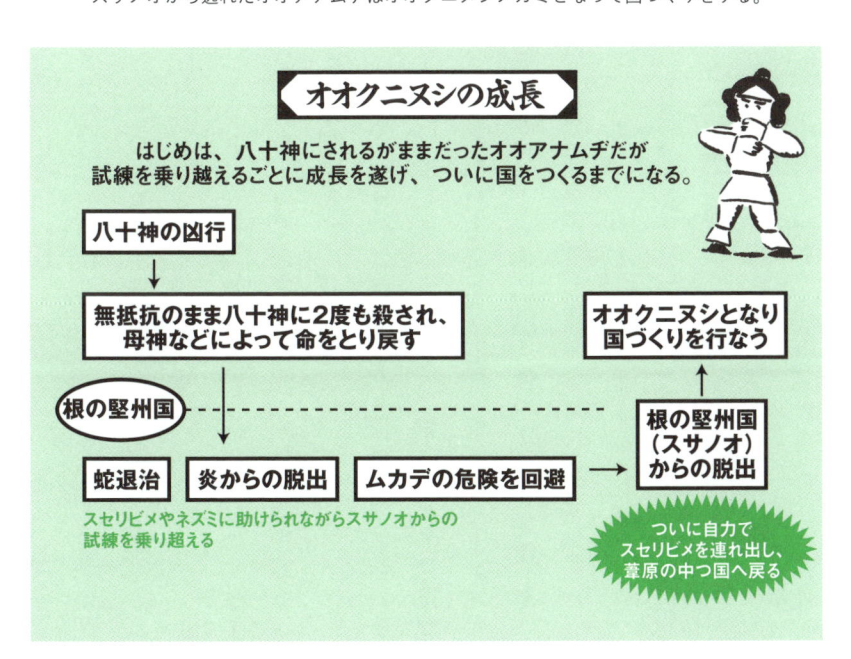

『古事記』最初の恋歌

スセリビメと結ばれたオオクニヌシですが、特に『古事記』で詳しく語られるのが、ヌナカワヒメとオオクニヌシの恋です。そのほとんどは歌のやりとりで進んでいきます。『古事記』のなかで男女の仲に関する歌が詠まれたのはここが最初になります。歌によって物語を紡ぐことで、男と女の情景がより臨場感をもって伝わってきます。

オオクニヌシとヌナカワヒメの歌のやりとり

私はこれまで理想的な妻を娶ることができないで、賢く美しい女があると聞いて、求婚するために来ました。あなたが寝ている部屋の前に立っていると、鵺(トラツグミ)・雉・鶏がけたたましく鳴いた。こんな鳥は早く鳴きやませてくれ。

私は鳥のようにあなたを求めています。わがままな鳥でしょうがどうせあなたの思い通りになりますから、鳥は殺さないでください。夜になれば、あなたは毎日のようにここで私をかわいがり、私の手を枕にして眠るのですから。

歌によって恋仲を深めていったオオクニヌシとヌナカワヒメはすぐに結婚します。

い。そして、おまえがオオクニヌシノカミとなって、わが娘のスセリビメを正妻とし、出雲《いずも》の*宇迦《うか》の山の麓に立派な宮殿を建てて住まいとしろ。こいつめ!」

オオアナムヂノカミはいわれたとおりに**オオクニヌシノカミとなり、国づくりをはじめることになります。**

さて、オオクニヌシノカミは、すでにヤカミヒメと結婚していましたが、**ヤカミヒメはスセリビメを恐れるあまり、自分が産んだ子を木の股において、稲羽の国へ帰ってしまいました。**ゆえにこの子の名をキマタノカミ(木俣の神)、またはミイノカミ(御井の神)といいます。

恋多きオオクニヌシノカミは、高志《こし》の国(北陸)のヌナカワヒメ(沼河比売)とも夫婦になり、ほかにも三柱の妻を娶《めと》って、合わせて五柱の子をもうけています。

＊ 出雲大社の東北にある御崎山を別名「宇賀山」という。

古事記Column

スサノオは悪い神か善い神か

『古事記』に登場する神の中で、ひときわ個性的な神といえばスサノオでしょう。

イザナキから海原の統治を命じられたにもかかわらず、それを嫌がり、「亡き母のところへ行きたい」と、鬚が胸に届くまで成長しても赤ん坊のように泣きわめき続けました。その涙で山や海を枯らしてしまうほど。その結果、イザナキに葦原の中つ国を追放されます。その後に高天原で大暴れし、いよいよ高天原も追放され、出雲の鳥髪山へと降り立ち、その後、出雲の須賀へ。このように各地を移動し続け、最後は、根の堅州国へと入り、大神となります。

スサノオは各地を移動しながら、破壊をもたらし、一方で新たな恵みを与えていきます。高天原でのアマテラスとの誓約で身の潔白が証明されたと思ったとたん調子に乗って暴れまわり、アマテラスが石屋に籠ってしまい、世界は暗闇に包まれます。出雲に降りる途中では、オオゲツヒメを殺してしまいます。しかしその結果、この世に五穀と蚕をもたらしました。また国つ神を困らせていた八岐大蛇も退治します。

このように「何を考えているか分からない」スサノオですが、その実「何も考えていない」というのが正解でしょう。スサノオの行為が、場合によってはプラスに作用し、場合によってはマイナスに作用する、ということなのです。

スサノオは、京都の祇園祭の祭神である牛頭《ごず》天王と同一視されています。この神は正しく祀れば疫病を鎮めますが、間違えれば疫病を流行させます。恐ろしい神でもある一方で、善き神でもあるのです。これがスサノオだといえるのではないでしょうか。

「悪い神」でも「善い神」でもなく、「ただスサノオである」ということなのです。

二 オオクニヌシの国づくり

【兄弟で国づくりを進める】

海から来た神

かくしてイザナミノミコトの死から長い間中断されていた**国づくりが、オオクニヌシノカミによって、再開されます。**

オオクニヌシノカミが御大《みほ》の御前《みさき》（島根半島東端の岬）に出かけたときのこと。**波の上をガガイモというつる草の実の船に乗り、蛾《が》の皮を剥いでつくった着物を着た神が近づいてきました。**名前を尋ねたものの、その神はお答えになりません。お供の神々に尋ねても、誰も知らないといいます。

このとき、ヒキガエルがクエビコノカミ（久延毗古の神）に尋ねてはどうかと提案しました。

クエビコノカミとは案山子《かかし》のことで、歩くことこそできないものの、天下のあらゆることに通じている神です。

さっそくクエビコノカミに尋ねたところ、**海の彼方からやってきたその神は、八十神に殺されたオオクニヌシノカミを生き返らせてくれた別天つ神、カムムスヒノカミの息子で、名をスクナビコナノカミ（少名毗古那の神）ということがわかりました。**

念のためにとカムムスヒノカミにも尋ねてみ

海の彼方から光り輝く神が現れた。

古事記伝承の地をめぐる

国づくり

国づくりから国譲りまでの舞台となる御大の御前は、現在の島根県松江市にあるとされています。

美保関《みほのせき》の海と岬。島根県松江市。島根半島の最東端に位置する。

美保《みほ》神社。島根県松江市。オオクニヌシの子であるコトシロヌシが祀られている。このあたりには、コトシロヌシやオオクニヌシ、スクナビコナ、クエビコなどの国づくりや国譲りで活躍する神々を祀る末社《まっしゃ》が点在している。

たところ、

「これは本当に私の子だ。たくさんいた子の一人で、指の間から落ちて行方知れずになっていた子である」

　と認めました。

　そのうえで、オオクニヌシノカミに、

「スクナビコナノカミと兄弟になり、力を合わせて国づくりを完成させるように」と命じました。

　カムムスヒノカミから命じられるまま、オオクニヌシノカミとスクナビコナノカミは一致協力して、国づくりを進めていきます。

ところが、しばらくするとスクナビコナノカミは*常世《とこよ》の国《くに》へ去ってしまいました。

　オオクニヌシノカミは途方に暮れて、言いました。

「私だけで、どうして国づくりができるという

＊　古代日本において信仰された、海の彼方にある理想郷。

国づくりでオオクニヌシを助けた二神

三輪山。ふもとに位置する大神神社には、オオモノヌシを祀る。

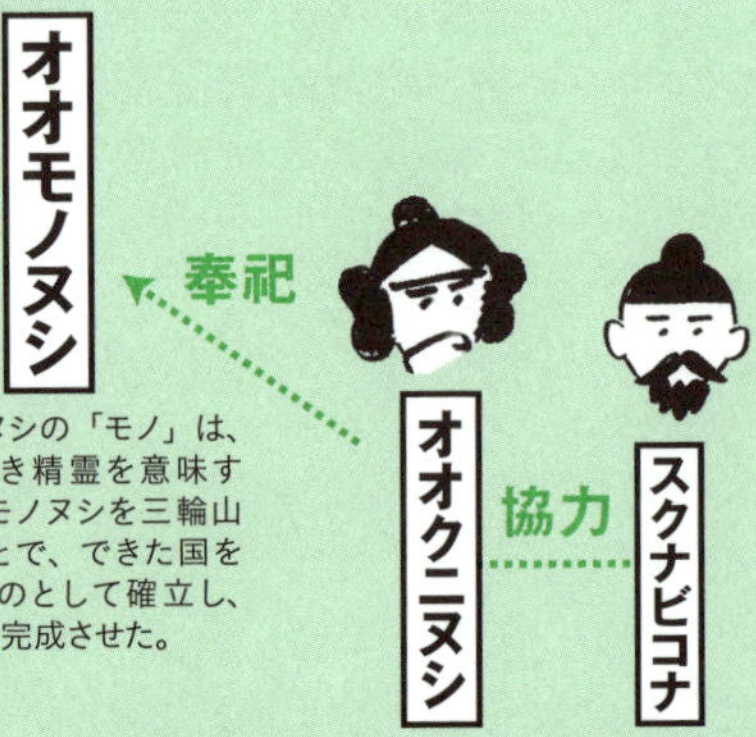

オオモノヌシの「モノ」は、畏怖すべき精霊を意味する。オオモノヌシを三輪山に祀ることで、できた国を不動のものとして確立し、国づくりを完成させた。

穀物の種の化身であるスクナビコナと国土の神であるオオクニヌシがともに国づくりを行なうことで、豊かなものを生み出す国となる。

のか。どの神なら手を貸してくれるだろうか」

すると、海の彼方から輝きを発しながら近づいてくる神がありました。その神がいいます。

「私の御霊《みたま》を丁寧に祀るならば、国づくりに協力しよう。そうしないと、国づくりを完成させるのは不可能であろう」

オオクニヌシノカミがどう祀ればよいのかを尋ねると、その神が答えました。

「大和《やまと》の青々とした山並みの、その東の山の上に祀ればよい」

これが、御諸山《みもろやま》（奈良県の三輪山）の上に鎮座《ちんざ》しているオオモノヌシノカミ（大物主の神）です。

こうしてスクナビコナノカミが常世の国へ去って、一度は頓挫《とんざ》した国づくりも、オオモノヌシノカミの出現により、歩みを進めることになります。

オオクニヌシは御大の御前の地で出会ったスクナビコナノカミと国づくりを再開する。

小さきものへの信仰

スクナビコナは、カムムスヒノカミの指の間からこぼれてしまうほどの大きさだったことから、一寸法師の原型とする説もあります。日本に伝わる説話には、ほかにも、かぐや姫や瓜子姫など、“小さきもの”の物語が多く存在します。“小さきもの”は、古代において、信仰の対象や英雄の誕生譚であったのです。

スクナビコナノカミの正体

スクナビコナの親であるカムムスヒノカミは、スサノオが殺したオオゲツヒメから生まれた五穀から種をつくりました。このことから、カムムスヒノカミには種神の性格があることがわかります。カムムスヒノカミの手からこぼれ落ちたということからも、スクナビコナには穀物の種の化身の性質があると考えられます。

出雲の国譲り

葦原の中つ国の平定

【出雲に隠棲したオオクニヌシノカミ】

「息子よ、豊葦原《とよあしはら》の水穂《みずほ》の国（葦原の中つ国の別名）は、あなたが治めるべき国です。ただちに下界に降りなさい」

オオクニヌシノカミによる国づくりが完成すると、アマテラスオオミカミが、わが子であるマサカツアカツカチハヤヒアメノオシホミミノミコト*（正勝吾勝々速日天之忍穂耳の命）にいいました。

ところが、下界は何やら騒がしそうです。そこで、いったん高天の原に戻り、アマテラスオオミカミに指示を仰ぎました。タカミムスヒノカミとアマテラスオオミカミは八百万の神々を集めて対応を協議しました。

「葦原の中つ国には横暴なふるまいをする国つ神が満ち満ちている。どの神を遣わせばよいか」

その問いかけに対し、八百万の神々は、オモイカネノカミを中心に思案を重ね、アメノホヒノカミ（天之菩比の神）の名をあげました。そこで、**アメノホヒノカミを遣わしたところ、この神はオオクニヌシノカミに媚《こ》びへつらうばかり**で、三年たっても何一つ報告をよこしませんでした。

アメノワカヒコは鳴女を射抜き殺した。

＊ マサカツアカツカチハヤヒアメノオシホミミノミコトとアメノホヒノカミは、アマテラスオオミカミとスサノオノミコトが誓約したときに生まれた子。

今度は、アマツクニタマノカミ（天津国玉の神）の子、**アメノワカヒコ（天の若日子）に天のまかこ弓・天のはは矢という特別な武器を授け、下界へ向かわせました。**しかし、アメノワカヒコは葦原の中つ国へ降り立つと、すぐにオオクニヌシノカミの娘、シタデルヒメ（下照比売）を娶って、その国をわがものにしようと企み、八年たっても何一つ報告をよこさなかったのです。

そこで、新たに鳴女《なきめ》という雉《きじ》を派遣しました。しかし、**アメノワカヒコは鳴女の言葉に耳を貸さず、*天《あめ》の佐具売《さぐめ》にいわれるまま、鳴女を射殺《いころ》します。**

この矢は鳴女の胸を貫通し、天の安の河原まで達しました。タカギノカミ（高木の神、タカミムスヒノカミの別名）がそれを拾い、一同に示しながら、

「もし、アメノワカヒコに邪《よこしま》な心があるなら、この矢に当たって罰を受けよ」

といって投げ返すと、**矢はアメノワカヒコの胸に突き刺さり、その命を奪いました。**

神々が次に送り込んだのはタケミカヅチノカミ（建御雷の神）とアメノトリフネノカミ（天の鳥船の神）でした。

「この国はアマテラスオオミカミの御子が治めるべきだ。そなたの考えはどうか」

タケミカヅチノカミが問うと、オオクニヌシノカミは、

「息子のコトシロヌシノカミ（言代主の神）がお答えします」

といいます。**コトシロヌシノカミは、**

「この国は天つ神の御子に差し上げましょう」

とあっさりと同意し、船を青葉の柴垣《ふしがき》に変えそこに隠れてしまいました。

＊ 佐具売は秘密を探り出す霊力がある女をあらわす。

　しかし、もう一人の息子であるタケミナカタノカミ（建御名方の神）は納得しません。

「ここは一つ力比べといこうじゃないか」

　力では誰にも負けない自信があるタケミナカタノカミは、そういってタケミカヅチノカミの手につかみかかります。すると、一瞬にしてタケミカヅチノカミの手が氷柱に、ついで剣の刃へと変わりました。恐れをなしたタケミナカタノカミは慌てて、手を引っ込めました。

　次はタケミカヅチノカミです。タケミナカタノカミの手をとると、若葉をつかむようにぎゅっと握りつぶし、放り投げます。**タケミナカタノカミは観念しました。**

「どうか私を殺さないでください。この葦原の中つ国をご命令のままに献上します」

　タケミカヅチノカミは、オオクニヌシノカミに問いかけました。

「そなたの子は、アマテラスオオミカミの御子の命令に背《そむ》かないと誓ったが、そなたの考えはどうか」

　オオクニヌシノカミが答えました。

「わが子と同様、背くつもりはありません。葦原の中つ国をご命令どおり、献上いたしましょう。ただ、**私の住むところだけはアマテラスオオミカミの御子が住むのと同じような、柱が太く、高々とそびえるりっぱな御殿*にしていただきたいのです。**私はそこで隠棲《いんせい》いたします」

　オオクニヌシノカミは出雲の国の多芸志《たぎし》の小浜《おばま》に使者の神々を供応するりっぱな御殿を建て、準備を整えたうえで改めて誓いの言葉を述べました。

　これを受けて**タケミカヅチノカミは高天の原へ昇り、葦原の中つ国が平定されたことを報告しました。**

＊　のちの出雲大社だといわれている。

オオクニヌシノカミの子タケミナカタノカミはタケミカヅチノカミの力に屈した。

古代の出雲大社

現在の出雲大社神楽殿。

オオクニヌシは、国譲りの条件として御殿を建設した。これが出雲大社だとされている。出土した心柱《しんばしら》などからその規模が想定され、平安時代の出雲大社は、高さ約48 mもあったことがわかり、古代の建築技術の高さが明らかになった。

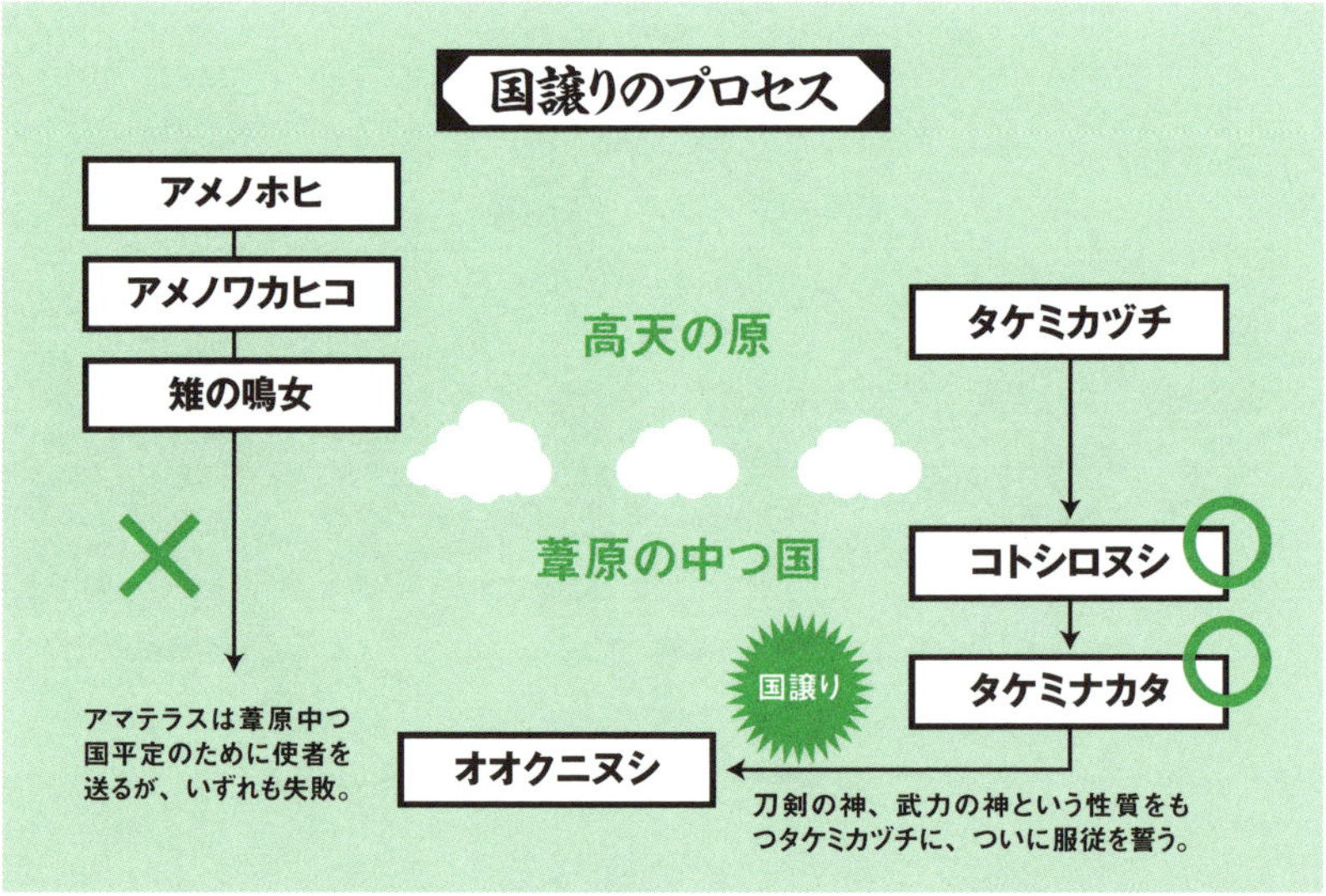

古事記伝承の地をめぐる

稲佐浜《いなさのはま》

国譲りの舞台は島根県出雲市にあるとされています。

稲佐浜。島根県出雲市。国譲り神話の舞台となっている。オオクニヌシは、浜にある大きな岩の陰で国譲りの話し合いをしたと伝えられる。

いまに生きる古事記

神迎《かみむかえ》神事。稲佐浜では、神在祭の前夜祭として行なわれる。国譲り神話がもとになっており、浜で迎えられた神々は、出雲大社へと向かう。

青柴垣《あおふしがき》神事。島根の美保神社で行なわれる。国譲り神話で、コトシロヌシが身を隠す物語にちなむ。

美保神社で行なわれる諸《もろ》手船《たぶね》神事。国譲り神話において、天つ国の使者が船に乗って交渉にやって来るシーンを再現している。

天孫降臨

三種の神器とともに地上に降り立つ神々

ニニギノミコトの天降り

タケミカズチノオノカミから葦原の中つ国を平定したとの報告を受けたアマテラスオオミカミとタカギノカミは、太子《ひつぎのみこ》であるマサカツアカツカチハヤヒアメノオシホミミノミコトに再び命じます。

「いま葦原の中つ国を平定したとの報告があった。前に命じたように、下界へ降りて統治するように」

しかし、オシホミミノミコトは、葦原の中つ国の平定を待っている間に子どもが生まれたので、その子を降ろしたほうがよいといいます。名は**アメニキシクニニキシアマツヒコヒコホノニニギノミコト（天邇岐志国邇岐志天津日高日子番能邇邇芸の命、以下、ニニギノミコト）**といい、タカギノカミの娘、ヨロズハタトヨアキヅシヒメノミコト（万幡豊秋津師比売の命）との間に生まれた子です。

太子の進言を聞いて、アマテラスオオミカミとタカギノカミは改めて命じました。

「ニニギノミコトよ。オシホノミミノミコトがいうように、そなたが豊葦原の水穂の国を治めよ」

ニニギノミコトは三種の神器を授かった。

ニニギノミコトは、天の石屋隠れのときに活躍したアメノコヤネノミコトやフトダマノミコト、アメノウズメノミコトのほか、イシコリドメノミコト(伊斯許理度売の命)、タマノオヤノミコト(玉祖の命)の五つの部《べ》の首長を従者に加え、天降ることになりました。

先導役を務めるのは、アマテラスオオミカミの御子が降臨すると聞いて駆けつけた、国つ神である**サルタビコノカミ(猿田毗古の神)**です。

出立に先立ち、**アマテラスオオミカミはかつて自分を石屋から誘い出すために使われた勾玉と鏡、そして、スサノオノミコトから献上された草薙の剣をニニギノミコトに与えました。これを「三種の神器」***といいます。

そうして、オモイカネノカミとアメノタヂカラオノカミ、アメノイワトワケノカミ(天の石門別の神)を一行に加えさせ、次のようにいい添えました。

「**この鏡を私の御魂《みたま》として、私の前に額《ぬか》づくときのように、心を込めて祀りなさい。**また、オモイカネノカミはその祭祀の司《つかさど》りをするようにしなさい」

ニニギノミコトは幾重にもたなびく雲を押し分けて、天《あめ》の浮橋《うきはし》まで行くや、そこからは一足飛びに筑紫《つくし》の日向《ひむか》の高千穂《たかちほ》の久士布流多気《くしふるたけ》に降り立ちました。

そして、

「**この地は韓国(朝鮮半島)と向かい合い、笠沙《かささ》の御前《みさき》(薩摩半島西端の野間岬)にもまっすぐ道が通じていて、朝日がまっすぐ昇る国、夕日が照り輝く国である。大変に素晴らしい土地だ**」

というと、深々と掘った穴に太い柱を建て、屋根が高天の原に届くほど壮大な宮殿をつくり、そこを自分の住まいとしました。

＊ 勾玉は三種の神器の一つで、穀物の霊。鏡は太陽神の、剣は軍事の象徴。

サルタビコノカミを先頭にして総勢十柱の神々が悠揚と下界へ降りていった。

三種の神器が現在ある場所

「天叢雲剣《あめのむらくものつるぎ》（草薙剣《くさなぎのつるぎ》）」が置かれている熱田《あつた》神宮。

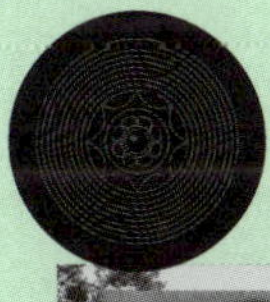

「八《や》咫鏡《たのかがみ》」が置かれている伊勢神宮。

「八尺勾玉《やさかのまがたま》」のある皇居の正門石橋。剣璽《けんじ》の間《ま》に安置されている。

サルタビコノカミ

天孫降臨の際、先導役を務めたサルタビコはどんな神だったのでしょうか。

猿田彦神社。三重県伊勢市。本殿にサルタビコを祀る。

猿田彦（道祖）神社。奈良県奈良市。サルタビコは、天孫降臨の際に先導役を務めたことから、道の神、旅の神としても信仰されている。

猿田毗古の神

その名は琉球語で「先導」という意味をあらわすとも。また、「サ」は神稲《しんとう》、「タ」は「田」を意味し、動物の猿が田や山の神として信仰されているなど、多彩な神格をもつ。

鼻の長さは七咫（約126㎝）、背は七尋《ひろ》（約12.6m）、目は八咫鏡のようで、赤ほおずきのように照り輝いているとされる。天狗の原型ではとする説もある。

古事記伝承の地をめぐる

高千穂

天孫降臨の地には諸説ありますが、筑紫の日向が宮崎県での古名であることから、宮崎県西臼杵郡の高千穂町が有力とされています。

高千穂の峰。宮崎県高千穂町。天孫降臨の地の一つとして伝えられる。

高千穂の峰の山頂には、天の逆《さか》鉾《ほこ》が建つ。天孫降臨に由来するものとされる。

高千穂神社。高千穂町の中心に位置する。ニニギノミコトを祀る。

丘に建つニニギノミコト像。高千穂町。両脇には、『日向国風土記』にニニギノミコトを導いたと記されるオオクワとコクワ。

なぜ孫が降臨したのか

『古事記』の天孫降臨では、降臨間際になって、降臨する神が交代しています。それはなぜでしょう。いくつかの説がありますが、一部を紹介します。

①編纂当時の皇位継承との関係説

『古事記』の編纂を命じた天武《てんむ》天皇亡き後、皇子である草壁皇子《くさかべのみこ》が即位するはずでしたが、皇子が早世したため、天武天皇の后が持統《じとう》天皇として即位しました。そして、次いで草壁皇子の子で、天武天皇と自身の孫である軽皇子《かるのみこ》が文武《もんむ》天皇として即位したのです。このように孫が皇位を継承することの正当性を主張するため、天孫降臨の神話をつくったという説です。

②タカギノカミへの配慮説

当初、アマテラスは自分の子に降臨を命じました。しかしそれでは、アマテラスの直系が初代天皇となり、タカギノカミの関わりがなくなります。そこで、アマテラスの子とタカギノカミの娘との間に生まれたニニギを降臨させることにしたというのです。

『古事記』は奥が深いですね。

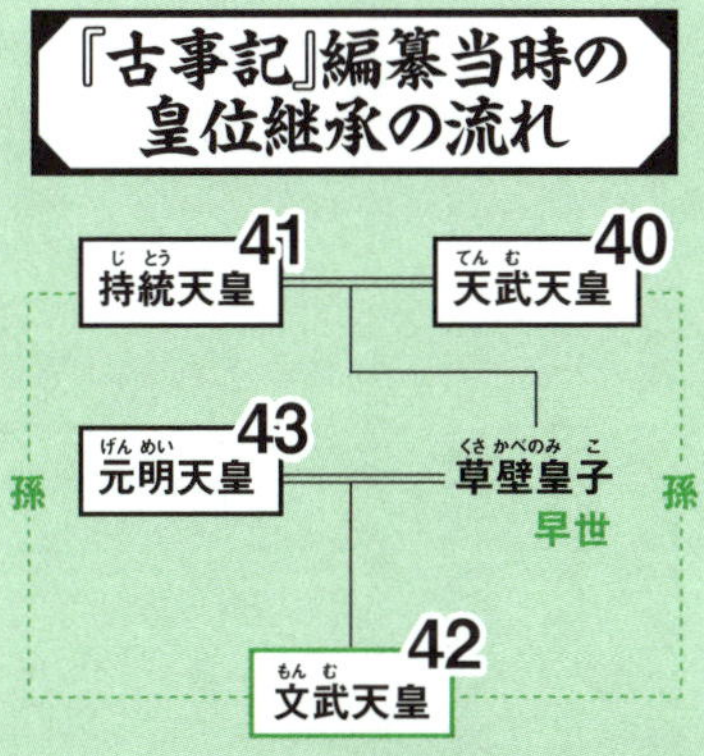

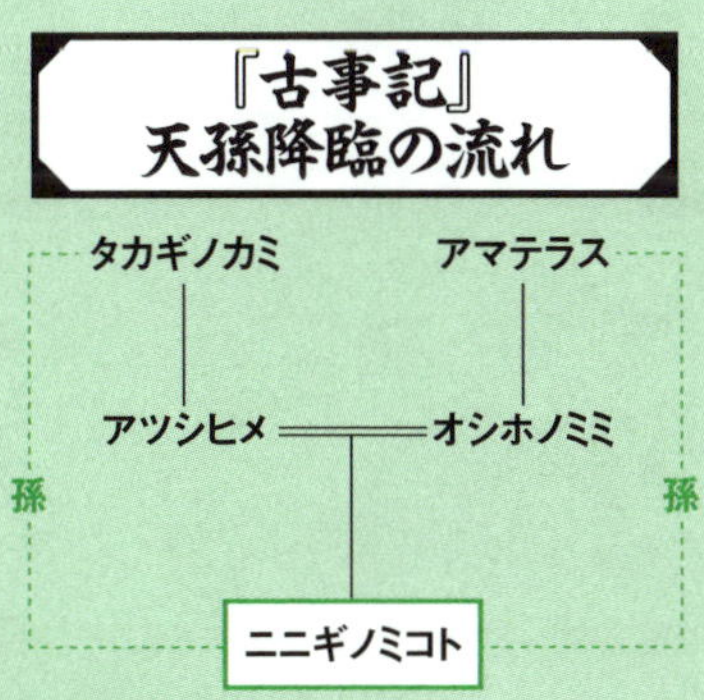

ニニギノミコトの嫁選び

山の神の娘との婚姻

妹だけを娶ったことで「寿命」が与えられる

ニニギノミコトは笠沙《かささ》の御前《みさき》で美しい少女に出会いました。誰の娘か尋ねたところ、山の神・オオヤマツミノカミの娘で、名をカムアタツヒメ（神阿多都比売）、またの名を**コノハナノサクヤビメ（木花之佐久夜毘売）**だと名乗りました。ニニギノミコトはコノハナノサクヤビメを気に入り、結婚を申し込みました。娘は即答を避け、父に聞いてほしいといいます。

そこで、さっそくオオヤマツミノカミに申し入れたところ、オオヤマツミノカミはとても喜び、姉の**イワナガヒメ（石長比売）**を添えて、婚礼の品々とともに送ってよこしました。

ところが、**イワナガヒメはひどい醜女で、ニニギノミコトは即刻、親元へ送り返してしまいます。そして、コノハナノサクヤビメだけを留《とど》め、一夜の契りを交わしました。**

一方、娘を送り返されたオオヤマツミノカミは、大きく恥じ入り、ニニギノミコトに呪詛《じゅそ》の言葉を送りつけました。

「イワナガヒメと交われば、天つ神の御子の命は、岩のごとく永遠不変で揺るぎないものに。コノハナノサクヤビメと交われば木の花が咲き

突き返されたイワナガヒメは悲嘆した。

寿命を与えられた神は人になる

アマテラスの孫であるニニギノミコトは、元来、寿命のない神でした。しかし、イワナガヒメを断ることで永遠の命を手放すことになります。そのため、ニニギノミコト以降の子孫たちには寿命が与えられます。『古事記』では、これ以降の天皇について、崩御《ほうぎょ》の記述がそれぞれにあります。

どちらを選ぶか「バナナ型神話」

この嫁選びのストーリーは、「バナナ型神話」といわれます。バナナ型神話というのは、ある日、創造神が空から地上へ石を降ろしたところ、人々は石は食べられないという理由で受けとらず、次に、創造神はバナナを降ろし、「永久に変質しない石を選んでいたら永遠の命を授けたのに、お前たちはバナナのような命になるだろう」といったというものです。これは、東南アジアを中心に広く見られる神話です。

古事記伝承の地をめぐる

笠沙の御前

ニニギノミコトとコノハナノサクヤビメの物語の舞台となった場所です。

野間半島。鹿児島最西端に位置する。野間半島最先端にある野間岬で、ニニギノミコトとコノハナノサクヤビメが出会い結婚したとされる。

富士本宮浅間神社

火中出産の説話にあやかり、コノハナサクヤビメを祀るようになりました。

富士本宮浅間神社。静岡県富士宮市。コノハナノサクヤビメが祀られる。噴火をくり返す富士山を鎮めるために、火中出産を遂げたコノハナサクヤビメを祀ったとされる。

誇るように繁栄します。しかし、このようにイワナガヒメを帰して、コノハナノサクヤビメだけを留められたからには、天つ神の御子の命は木の花のように、はかないものとなりましょう」

こうして**今に至るも天皇の命は限りあるものになり、永遠ではなくなった**のです。

それからしばらくして、コノハナノサクヤビメはニニギノミコトに告げました。

「私は身ごもりました。しかし、天つ神の御子をこっそり産むわけにはいきませんので指示を仰ぎにまいりました」

ところが、ニニギノミコトの反応は思いのほか冷たく、こういい放ちました。

「そなたはたった一夜の契ではらんだというのか。それは私の子ではあるまい。どこの誰とは知らぬ国つ神の子だろう」

コノハナノサクヤビメは疑いを晴らすため、

「身ごもっている子がもし国つ神の子であるならば、出産のときに無事には済まないことでしょう。もし、天つ神の子であれば、無事に生まれるでしょう」

と誓約して、戸口のない大きな産屋をつくり、なかへ入りました。そして隙間という隙間を内から土で塗りふさぎ、自分で産屋に火をつけたのです。

コノハナノサクヤビメは燃え盛る炎のなかで、三柱の子を生みました。このとき最初に生まれた子は名を**ホデリノミコト**＊**(火照の命)**、次に生まれたのはホスセリノミコト(火須勢理の命)、三番目に生まれたのは**ホオリノミコト(火遠理の命)**、またの名をアマツヒコヒコホホデミノミコト(天津日高日子穂々手見の命)といいます。

＊　ホデリノミコトは隼人（南九州に住んだ部族）の阿多の君の祖神。

コノハナサクヤビメは、燃え盛る炎に包まれた産屋のなかで三柱の子を生んだ。

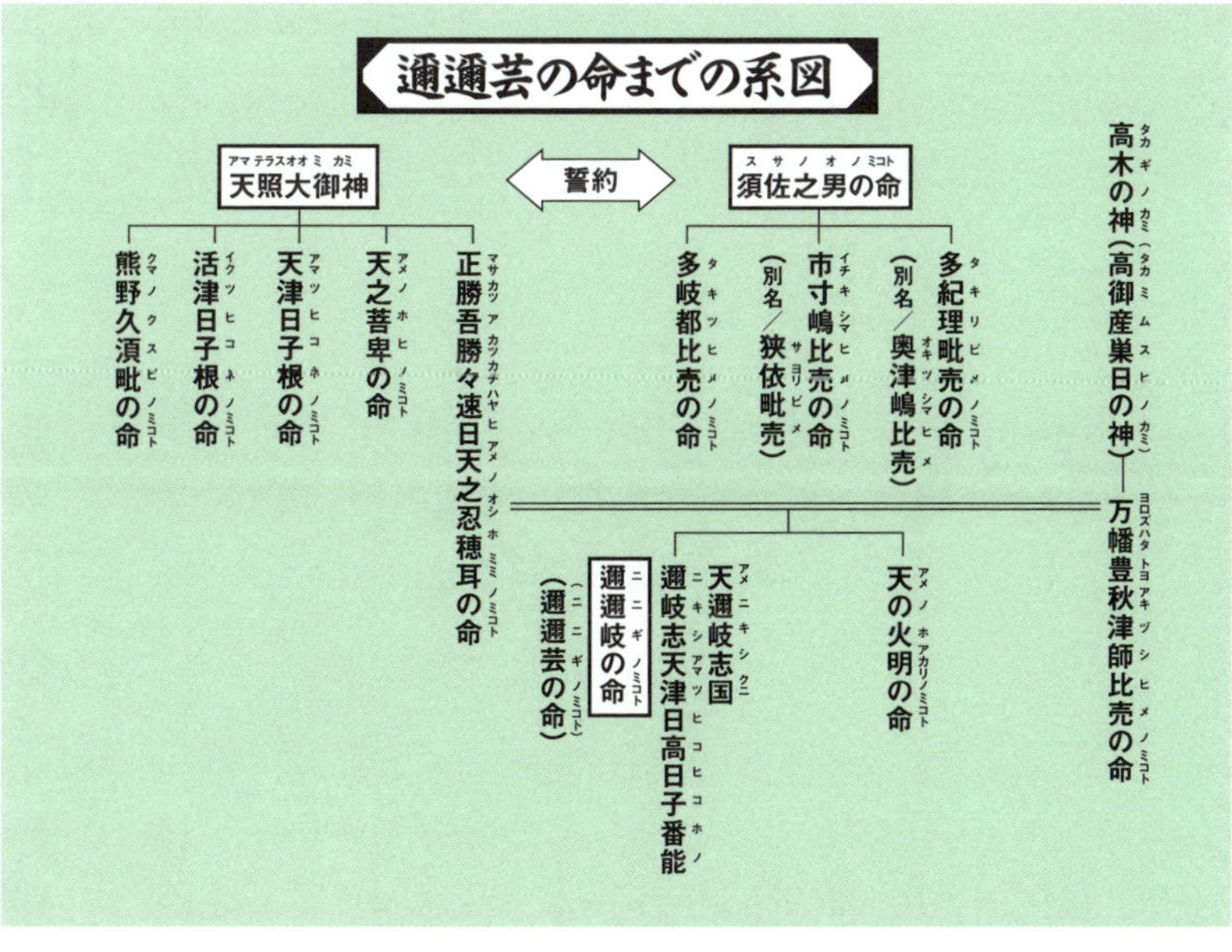
邇邇芸の命までの系図
天照大御神《アマテラスオオミカミ》
誓約
須佐之男の命《スサノオノミコト》
正勝吾勝々速日天之忍穂耳の命《マサカツアカツカチハヤヒアメノオシホミミノミコト》
天之菩卑の命《アメノホヒノミコト》
天津日子根の命《アマツヒコネノミコト》
活津日子根の命《イクツヒコネノミコト》
熊野久須毗の命《クマノクスビノミコト》
多紀理毗売の命《タキリビメノミコト》(別名／奥津嶋比売《オキツシマヒメ》)
市寸嶋比売の命《イチキシマヒメノミコト》(別名／狭依毗売《サヨリビメ》)
多岐都比売の命《タキツヒメノミコト》
高木の神《タカギノカミ》(高御産巣日の神《タカミムスヒノカミ》)
万幡豊秋津師比売の命《ヨロズハタトヨアキヅシヒメノミコト》
天の火明の命《アメノホアカリノミコト》
天邇岐志国《アメニキシクニ》邇岐志天津日高日子番能《ニキシアマツヒコヒコホノ》
邇邇岐の命《ニニギノミコト》
(邇邇芸の命《ニニギノミコト》)

海佐知毗古と山佐知毗古

海の神の娘との婚姻

弟に降参し、家来となった兄

コノハナノサクヤビメが、炎のなかで最初に生んだホデリノミコトはウミサチビコ(海佐知毗古)とも呼ばれ、海の幸を獲って暮らしました。三番目に生まれたホオリノミコトはヤマサチビコ(山佐知毗古)とも呼ばれ、山の幸を獲って暮らしました。

弟のホオリノミコトは、兄のホデリノミコトに自分の狩りの道具*と兄の釣りの道具を交換してみないかと三度提案し、ようやく少しの間だけ交換することになりました。

しかし、ホオリノミコトが魚を釣ろうとしても一匹も釣れません。それどころか、**兄のホデリノミコトに借りた釣り針を海のなかでなくしてしまった**のです。

山へ出かけたホデリノミコトも、獲物を仕留めることができませんでした。

ホオリノミコトは釣り針をなくしたことを正直に打ち明けました。しかし、それを聞いた兄は激怒して、釣り針を返すように弟を責め立てます。

ホオリノミコトは剣を打ち砕いて五〇〇本の釣り針をつくりましたが、兄は受けとろうとしません。次に一〇〇〇本の釣り針をつくりまし

海に落とした釣り針は鯛の喉から出てきた。

* 獲物をとる道具のことを「幸(さち)」という。

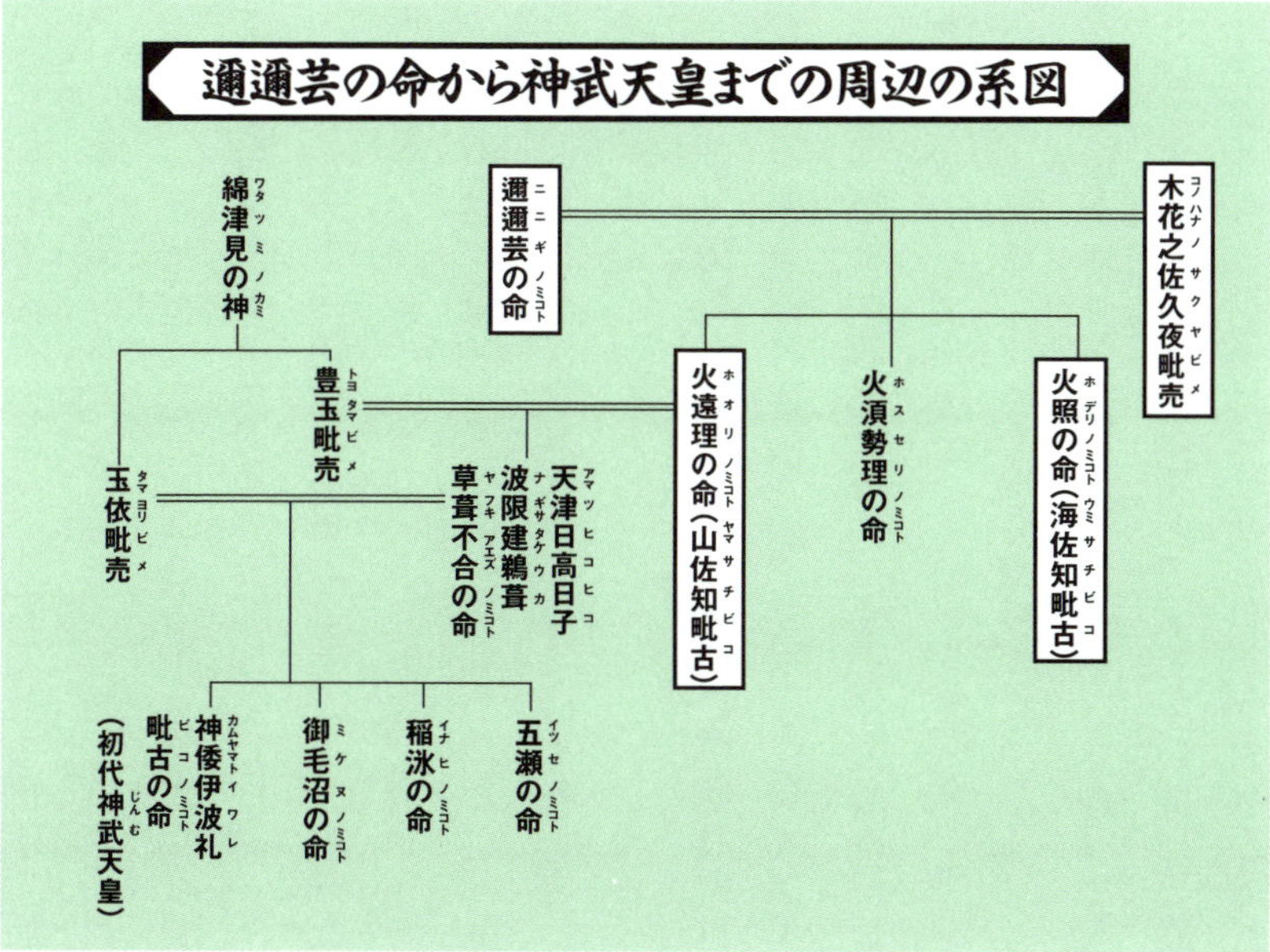

たが、これも受けとりません。

困り果てたホオリノミコトが海辺にたたずみ、泣き悲しんでいると、海の潮流を司るシオツチノカミ（塩椎の神）が通りかかり、竹で編んだ小さな船をつくるとそれにホオリノミコトを乗せていいました。

「潮の流れに乗っていくと海の神である*ワタツミノカミ（綿津見の神）の宮殿が見えてきます。門の前まで着いたら、香木があるので、それに登ってお待ちください。娘の**トヨタマビメ（豊玉毘売）**があなた様を見つけ、相談に乗ってくれましょう」

船出をすると、シオツチノカミの言葉どおりに事が運んでいきました。

トヨタマビメは香木の上にいる見目麗《みめうるわ》しいホオリノミコトの姿をひと目見るなり、恋の虜《とりこ》になりました。急ぎ宮殿に戻り、父のワタツミノ

＊　ワタツミノカミの宮殿は、海を支配する海神の宮殿で、龍宮の類。

カミに知らせると、父はひと目で日の御子であることを見破ります。そして、宮殿に招き入れると贈り物やご馳走でもてなし、頃合いを見て、トヨタマビメを妻として捧げました。

それから三年後のある日のこと。ここへ来た理由を思い出したホオリノミコトは、ワタツミノカミの力を借り、タイの喉《のど》に刺さった釣り針を見つけました。ワタツミノカミはそれを洗い清めたのち、いいます。

「この釣り針を兄君に返すとき、『**この釣り針はおぼ鉤*1《ち》、すす鉤、貧鉤《まじ》、うる鉤**』と唱えながら、後ろ手にお渡しなさい。そして兄君が高い土地に田をつくったら、あなた様は低い土地へ、逆に兄君が低い土地に田をつくったら、あなた様は高い土地へ田をおつくりなさい。わたしは水を自在に操れますので、三年の間に兄君は貧窮に苦しむことになりましょう。もしそれを恨んで攻めてきたなら、この**塩盈珠*2《しおふるたま》を出して溺《おぼ》れさせ**、もし許しを乞うてきたなら、この**塩*2《しお》乾珠《ふるたま》を出して助けて**おやりなさい」

ワタツミノカミはホオリノミコトに塩盈珠と塩乾珠を渡すと、鰐に命じて、ホオリノミコトを葦原の中つ国まで送らせました。

ホオリノミコトはワタツミノカミにいわれたとおりのやりかたで釣り針を返すと、兄の田は水枯れや水害で実りを得られず、ついには逆恨みして攻め寄せてきました。

しかし、ワタツミノカミがくれた塩盈珠を使うとたちまち潮が満ちてきて兄は溺れ、塩乾珠を使えばたちまち潮が引きます。ホデリノミコトはたまらず頭を下げ、

「*3私はあなた様を昼も夜も警護する者としてお仕《つか》えしましょう」

と、赦《ゆる》しを乞うしかありませんでした。

＊1　釣り針にかけた呪い。心が晴れず荒れ狂い、貧しく、愚かになることを意味する言葉。
＊2　塩盈珠と塩乾珠は、水を支配する呪力を持った玉。
＊3　ホデリノミコトの子孫である隼人（はやと）は絶えることがないよう溺れたときの仕草を伝え、衛兵の役をして、朝廷に仕えるようになった。

ホオリノミコトは二つの珠（玉）で水を支配して兄のホデリノミコトを苦しめた。

古事記伝承の地をめぐる

青島神社

ワタツミノカミの宮殿から帰ったホオリノミコトが仮住まいをしていた場所が現在の青島神社といわれています。海に架けられたかのような弥生橋を渡った先の海辺に神社の入り口となる鳥居が現れます。ホオリノミコト、トヨタマビメ、シオツチノカミが祀られ、縁結び、夫婦円満の神さまとして有名です。

島と海の境に立つような青島神社の鳥居。

宮崎県宮崎市青島に建つ青島神社。

古事記伝承の地をめぐる

鵜《う》戸《ど》神宮

トヨタマビメが出産した場所に建てられたといわれているのが鵜戸神宮。そのことから安産や子育てにご利益があるといわれています。神社の本殿下には、トヨタマビメが乗ってきた亀の化身だと伝わる「霊石亀石」が祀られています。この石のくぼみに運玉を投げ入れると願いが叶うといわれています。

宮崎県日南市にある鵜戸神宮本殿。トヨタマビメの産屋のあとに建てられたと伝わる。

本殿下に祀られた霊石亀石。

さて、ホオリノミコトが葦原の中つ国に戻ると、出産を間近に控えた妻のトヨタマビメが訪ねてきました。

「私は本来の姿に戻ってお産をしますので、どうか決して見ないでください」

その約束を破ったホオリノミコトは、愛する妻が鰐であることを見てしまいます。出産を終えると、妻は子を置いて夫のもとを去り、のちに妹のタマヨリビメ（玉依毗売）をわが子の養育係に遣わしました。

このとき生まれたアマツヒコヒコナギサタケウカヤフキアエズノミコト（天津日高日子波限建鵜葺草葺不合の命）は、その後タマヨリビメと結婚し、**イツセノミコト（五瀬の命）**、イナヒノミコト（稲氷の命）、ミケヌノミコト（御毛沼の命）、**カムヤマトイワレビコノミコト（神倭伊波礼毗古の命）**の四柱の子を生みました。

第2章

神の子孫たちの英雄伝説

中つ巻

こう読むと面白い！　中つ巻

『古事記』中つ巻には、いくつかのテーマがあります。①系譜及び記録的な記事、②初代天皇のヤマト入りと即位、③皇位継承争い、④支配領域の拡大・確定、⑤神と天皇との関係、⑥家族の情愛と憎悪。これらの柱があって、それぞれが複雑に絡み合って展開して行きます。

　そもそも『古事記』序文によれば、『古事記』は「帝紀（系譜的記述）」と「旧辞（物語的記述）」とが合わさって出来上がっているものであり、中つ巻の神武《じんむ》天皇記から、系譜的記述が本格的になされるようになります。そして天皇の宮、后妃と皇子女を記す系譜記述、御陵《ごりょう》（陵《りょう》墓《ぼ》と宝算《ほうさん》（崩御《ほうぎょ》年）とが記されます。各天皇代ではこれら記録的記述の中に物語が記される形になっています。その物語の内容が、前記②〜⑥によって紡ぎ出されています。

　中つ巻は神と人の時代が描かれていると言われます。その点に関わるのが⑤神と天皇との関係になります。神武記では高天原《たかあまのはら》の神が神武天皇一行の苦難を救いますし、またヤマトの神の娘が神武天皇の皇后となります。崇神朝《すじんちょう》にはそのヤマトの神が祟りをなし、人民は滅亡の危機に瀕しますが、神の託宣《たくせん》に従って天皇が祭祀《さいし》を行うことで、天下太平がもたらされます。ここでは国家を支える根本としての、神：天皇：人民の関係が確立したことを描いています。さらには垂仁《すいにん》記において出雲大神が祟りをなして、宮殿修理を求める託宣を下しますが、この話は天皇家による出雲の神の祭祀権掌握《しょうあく》という内容を含みもつというように、中つ巻では天皇による天下統治の重要な要素として、国家的な祭祀体制の確立を描いているわけです。

　また、⑥家族の情愛と憎悪の物語は③皇位継承争いの物語と絡み合う場合が多いですので、一見すると天皇家にとっては不都合な、スキャンダラスな内容になるものなのですが、天皇家による国家統治の正当性を示すためにつくられたはずの『古事記』がなぜこうした物語を記すのか、実はよくわかっていません。『古事記』作成の発端である天武《てんむ》天皇自身が、壬申《じんしん》の乱という天皇家を二分する皇室内部の争いを経て即位したということと関係があるのでしょうか。壬申の乱の描写は『古事記』序文にも見られるところではありますし。

それにしても再婚相手の夫と実子との間に立たされ、実子に歌をもって命の危険を知らせる母后の話や、実の妹に、兄と夫（天皇）とのどちらが愛しいかと迫り、謀反に荷担させる話など、とてもドラマチックな話が多く載せられています。

④支配領域の拡大は、ヤマトを中心として西東の反抗勢力を一掃し、天皇による天下統治を実現するという内容で、仲哀《ちゅうあい》記の神功《じんぐう》皇后による新羅《しらぎ》征討によって海外も天下、即ち統治領域に含まれることを描いています。そして西東の反抗勢力討伐に最も活躍したのがヤマトタケルです。ヤマトタケルは反抗勢力のみではなく、荒ぶる神々をも征討していますので、ヤマトタケル自身が神的な人物として設定されているようです。荒ぶる神々をも討伐するヤマトタケル自身も荒々しく猛々しい性格の持ち主であり、父である天皇には恐れられますが、多くの女性と関わる情愛の人でもありました。正義の使者のようでありながら、アンチヒーロー的な要素も併せもつヤマトタケルは、神話のスサノオノミコトやオオクニヌシノカミ、下つ巻の雄略《ゆうりゃく》天皇に近い部分をもちながらも、唯一無二の存在感を示しています。

中つ巻の話に限りませんが、このように家族の情愛と憎悪、皇位継承争いなども含めて、出来事を淡々と描くのではなく、話を盛り上げてやろうという意図を感じざるを得ません。それは歴史を後世に伝えるために必然的に選択された表現方法であったのか、それとも、いわゆる文芸意識（とまではいかなくても、読み手、聞き手を楽しませよう、はらはらさせようというような意識）があってのことであるのか、わかりません。恐らくはその両方の意識があったのではないかと思います。歴史書としてつくられた『古事記』の中に、一見するとその目的から逸脱しているかのような物語の数々を味わうのも『古事記』の楽しみ方の一つです。

古事記クローズアップ 中つ巻

中つ巻のポイント

中つ巻にはウカヤフキアヘズの第四子、カムヤマトイワレビコノミコトが初代神武天皇に即位するところから、第十五代応神天皇までが記されています。崇神天皇のあたりから物語はにわかに現実味を帯び、何柱かの神々が現れますが、あくまでも脇役に徹しています。天皇の存在やそれぞれの物語については、架空であるとする説が有力ですが、それらからは古代の人々の足跡をたどることができます。

登場するおもな天皇と神々

1 神武《じんむ》天皇
2 綏靖《すいぜい》天皇
3 安寧《あんねい》天皇
4 懿徳《いとく》天皇
5 孝昭《こうしょう》天皇
6 孝安《こうあん》天皇
7 孝霊《こうれい》天皇
8 孝元《こうげん》天皇
9 開化《かいか》天皇
10 崇神《すじん》天皇

欠史八代
第二代綏靖天皇から第九代開化天皇までの八人の天皇を欠史八代という。存在を疑問視されている。

ヒバスヒメノミコト（氷羽州比売の命）＝11 垂仁《すいにん》天皇

12 景行《けいこう》天皇

景行天皇の御子は80人にもおよんだ

オウスノミコト（倭建の命）　13 成務《せいむ》天皇

14 仲哀《ちゅうあい》天皇＝神功《じんぐう》皇后

15 応神《おうじん》天皇

9 『古事記』名場面 —中つ巻—

神武天皇の子孫、ヤマトタケルのエピソードは中つ巻のクライマックスといえ、その英雄ぶりと悲劇性が情感豊かに描かれています。

大《オオ》碓《ウス》の命

相模の国の造《みやつこ》

ヤマトタケルノミコトの殺害を計画。

殺害

殺そうとする

殺害

オウスノミコト（倭建《ヤマトタケル》の命）

オウスノミコト（小碓の命）からヤマトタケルノミコトに改名。その凶暴さから景行天皇が恐れをなし、西征、東征を命じられる。

殺害

クマソタケル兄弟（熊曾建兄弟）

熊曾に住む兄弟。ヤマトタケルノミコトに倒される。熊曾は現在の熊本県、鹿児島県の地方をさす。

結婚

ミヤズヒメ（美夜受比売）

ヤマトタケルノミコトと夫婦の契りを結ぶ。

怒り

伊《い》服《ぶ》岐《き》山《やま》の神

滋賀県の伊服岐山に住まう神。白い猪に姿を変え、ヤマトタケルノミコトを痛めつけた。

結婚

オトタチバナヒメノミコト（弟橘比売の命）

御子の身代わりとして海に身を投げ、荒波を鎮めた。

一 神武東征

〜天つ神の力を借り、大和の平定へ〜

ホオリノミコト（山佐知毗古《ヤマサチビコ》）の息子、アマツヒコヒコナギサタケウカヤフキアエズノミコト（天津日高日子波限建鵜葺草葺不合命）の長子イツセノミコト（五瀬の命）と第四子の**カムヤマトイワレビコノミコト（神倭伊波礼毗古の命、以下、イワレビコノミコト）**は葦原《あしはら》の中《なか》つ国《くに》の統治を試みます。

「天下を安らかに治めるには、東を目指すべきだと思います」

相談のうえで日向《ひむか》を出発した二人は、行く先々で天《あま》つ神《かみ》の子孫としてもてなされました。そして、速吸門《はやすいなと》では航路に詳しいサオネツヒコ（槁根津日子）をお供につけ、さらに東に進みます。

一行が浪速《なみはや》の渡《わたり》を経て、白肩《しらかた》の津《つ》に船を着けたときのことです。トミノナガスネビコ（登美能那賀須泥毗古、以下、トミビコ）が軍を率いて、戦いを挑んできました。

このとき、**イツセノミコトはトミビコが放った矢で腕に傷を負いました。**痛みをこらえながらイツセノミコトがいいます。

「われらは太陽の神の御子《みこ》。にもかかわらず、太陽に向かって戦いに臨んだのがいけなかった

イワレビコは大きな熊に襲われた。

八咫烏の導き

イワレビコノミコトは天つ神に助けられ、八咫烏に導かれながら大和を目指して進んでいった。

のだ。少し遠回りだが、大きく迂回して、太陽を背にしながら戦おう」

一行は太陽を背にして上陸を試み、イツセノミコトの傷口から流れ出た血を洗い流し、さらに進み、紀《き》の国《くに》(和歌山県)の男《お》の水門《みなと》(紀の川の河口)にたどり着きます。

「賤《いや》しい奴に手傷を負わされ死ぬことになろうとは」

イツセノミコトは最後にそう雄叫びをあげると、静かに息を引きとりました。

イワレビコノミコト一行はそこから迂回して進み、紀伊《きい》の熊野《くまの》の村に到着しました。すると、**大きな熊が見え隠れしながら近づき、やがて消えてしまいました。**

熊は熊野の山の神の化身で、その霊気により、イワレビコノミコトとそれに従う兵士たちはたちまち意識を失います。

このとき高倉下《たかくらじ》という者が太刀を持って現れ、イワレビコノミコトに献上すると、イワレビコノミコトはすぐ正気に戻りました。そして、こちらが何もせずとも、熊野の山の神は斬り倒され、一行はみな意識をとり戻したのです。

高倉下に太刀を手に入れた経緯を尋ねたところ、**夢にアマテラスオオミカミ(天照大御神)とタカギノカミ(高木の神)、そしてタケミカヅチノカミ(建御雷の神)が現れ、その太刀をイワレビコノミコトに献上するよう命じられた**といいます。

もう一つ、天つ神のお告げがありました。

「これより先は荒ぶる神がひしめいている。**天から八咫烏《やたがらす》を遣わすので、そのあとについて進むように**」

イワレビコノミコトは八咫烏に導かれ、行く先々の地を配下に治めていきます。そして大和の宇陀《うだ》*まで進みました。そこにはエウカシ(兄宇迦斯)とオトウカシ(弟宇迦斯)という兄弟がいました。イワレビコノミコトがまず八咫烏を遣わしたところ、エウカシは鏑矢《かぶらや》で八咫烏を追い返し、さらに、イワレビコノミコトに臣従すると偽って御殿をつくり、罠《わな》を仕掛けて圧死させようとしました。しかし、これはオトウカシの密告により露見してしまいます。

成敗を仰せつかったミチノオミノミコト(道臣の命)とオオクメノミコト(大久米の命)は、エウカシを呼び出し、矢をつがえて罵《ののし》るようにいいました。

「おまえが御子のためにと申してつくった御殿にまずはおまえが入り、誠意のほどを明らかにせよ」

追い込まれたエウカシは御殿に入り、自分のつくった罠に押し潰されて死にました。

＊ 宇陀は、奈良県宇陀市。

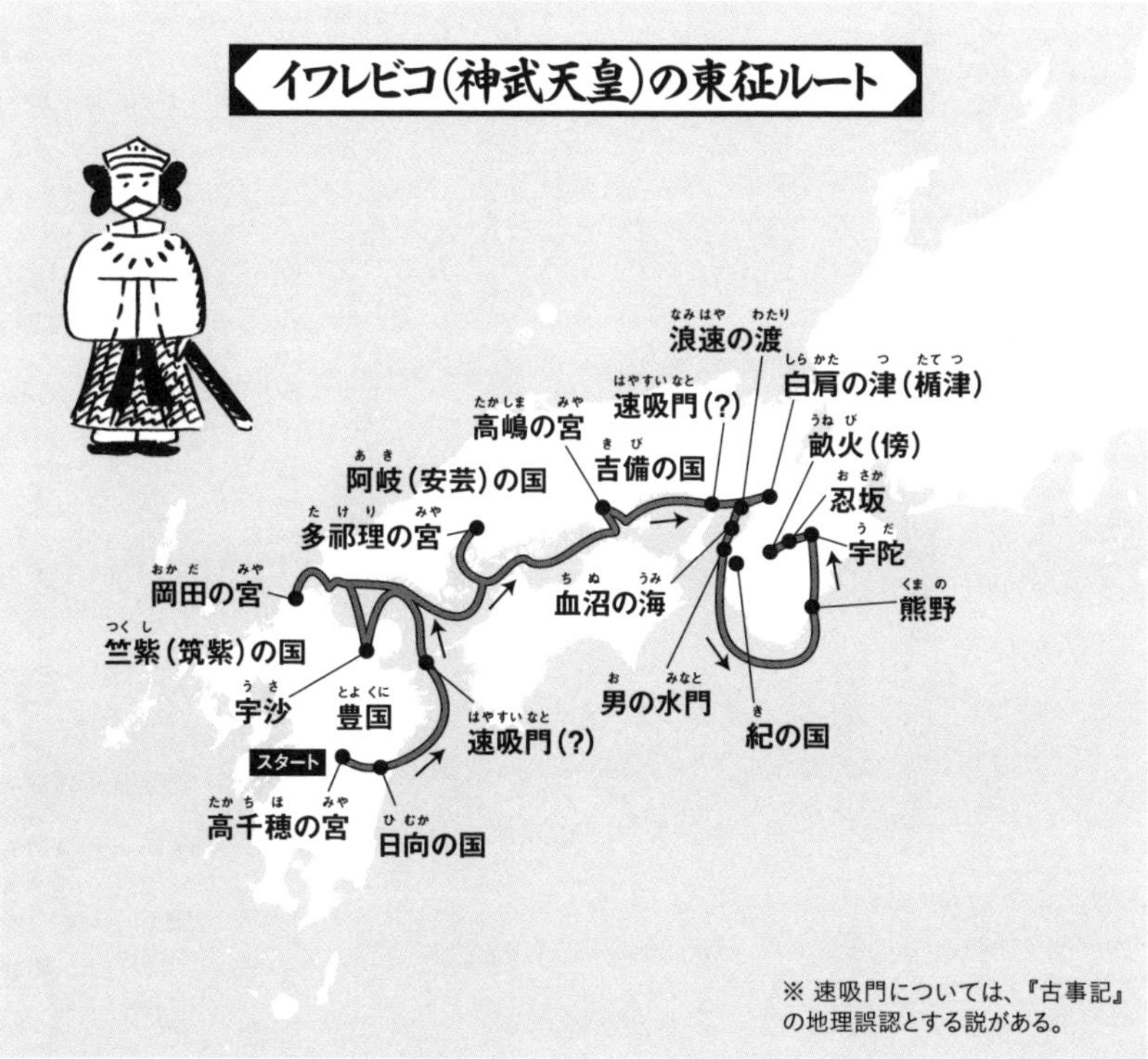

※ 速吸門については、『古事記』の地理誤認とする説がある。

現代でもサッカー日本代表を勝利に導く八咫烏

天つ神によって遣わされ、イワレビコノミコト一行を導いたといわれる八咫烏。そのことから、「導きの神」、「太陽の化身」と呼ばれ、古くから信仰されています。勝利のシンボルとして、戦時中は陸海軍の一部組織や、戦後は陸上自衛隊の情報部隊のマークなどに使用されていました。そして、現在は日本サッカー協会やサッカー日本代表のマークとして、日本を勝利に導いているのです。ちなみに八咫烏といえば、三本脚で描かれている絵画を多く見ますが、じつは『古事記』には三本脚であるとはひと言も書かれていません。三本脚として書かれるようになったのは平安時代からです。

初代神武天皇の即位

天下の政治をとり仕切る

【オオモノヌシノカミの子を娶る】

イワレビコノミコトは宇陀から進んで忍坂《おさか》の大室《おおむろや》(大きな岩穴)にたどり着きました。そこには尾を生やした土雲《つちぐも》*、八十建《やそたける》が待ちかまえ、うなり声をあげています。

相手が意気盛んなのを見て、イワレビコノミコトは力攻めではなく、計略を施すことにしました。

ご馳走を整え、八十建たちにふるまい、一人ずつに接待係をつけます。そして、**接待係は全員、刀を帯び、合図の歌を聞いたら、いっせいに斬りかかるよう命じたのです**。この計略によって八十建は皆殺しになりました。

イワレビコノミコトはついで、兄のイツセノミコトの仇《かたき》であるトミビコを討ち、さらには、その地の土豪《どごう》の兄弟であった兄師《えし》木《き》・弟師木《おとしき》の兄弟をも討ち滅ぼしました。

兄は怯えたが、弟は敵を討ちとった。

「天つ神の御子が天降ったとうかがい、あとを追ってまいりました」

イワレビコノミコトが連戦の疲れを歌にして癒やしていると、ニギハヤヒノミコト(邇芸速日の命)が現れて、そういいました。ニギハヤヒノミコトはイワレビコノミコトよりも先に大

＊ 土雲は、先住民。八十建は、多くのどう猛な人という意味。

イワレビコノミコトは、畝火の白檮原の地に宮殿を築き、神武天皇として即位した。

和に入り、トミビコを従えていたのです。**ニギハヤヒノミコトは自分が天つ神の子である証拠の品を献上すると、臣従することを誓います。**

このようにして、荒ぶる神を服従させ、服従を拒否する者を追い払い、確固たる地盤を得ることに成功すると、イワレビコノミコトは畝火《うねび》の白檮原《かしはら》に宮殿を築き、天下の政治をとり仕切りました。

初代神武《じんむ》天皇の誕生です。

神武天皇は東征に出る前に、日向(鹿児島県加世田市周辺)の地でアヒラヒメ(阿比良比売)を娶《めと》り、二人の子をもうけていました。しかし、もっと皇后にふさわしい乙女が欲しいと探しはじめました。

そんなとき、オオクメノミコトが神の御子と呼ばれる娘がいるとの情報を寄せて、こういいました。

「娘の母は、名をセヤダタラヒメ（勢夜陀多良比売）といい、類希《たぐいまれ》なる美女でございます。この美女にすっかり魅了されたのが、美和《みわ》のオオモノヌシノカミ（大物主の神）でした。オオモノヌシノカミは、赤く塗った矢に化けると、厠《かわや》の溝を通って流れくだり、その美女が大便をしている最中に陰部を突いたのです。

こうして生まれたのがホトタタライススキヒメノミコト（富登多多良伊須須岐比売の命）です」

富登（陰部）という名を嫌い、のちにヒメタタライスケヨリヒメ（比売多多良伊須気余理比売、以下、イスケヨリヒメ）と改めました。

こうして**神武天皇はオオモノヌシノカミの娘であるイスケヨリヒメを皇后とし**、上から順にヒコヤイノミコト（日子八井の命）、カムヤイミミノミコト（神八井耳の命）、カムヌナカワミミノミコト（神沼河耳の命）の三人の男の子をもうけました。

ところで、神武天皇が亡くなると、即位前にもうけた子、**タギシミミノミコト（多芸志美美の命）**は、神武天皇の皇后であったイスケヨリヒメを自分の妻としました。

さらに、**自分が皇位を継ごうと企《たくら》み、異母弟三人の殺害を計画します**。それを知ったイスケヨリヒメは悩んだ末に、歌に託し、御子たちに命の危機を知らせました。

母からの知らせを受けた御子たちは、先手を打ってタギシミミノミコトを討つことにしました。

まず兄のカムヤイミミノミコトが、武器を手にタギシミミノミコトの屋敷に忍び込みました。しかし、いざというときになって手足の震えが止まらず、殺すことができません。

古事記伝承の地をめぐる

神武天皇陵

初代神武天皇の墓は円丘で周囲は約100m、高さ5.5mの広い植え込みがあり、幅約16mの周濠をめぐらせています。

奈良県橿原《かしはら》市にある大和三山の一つ畝傍山の北東の麓、橿原神宮に北接する神武天皇陵。

その様子を見た末弟のカムヌナカワミミノミコトは、兄から武器をもらい受けると屋敷に忍び込みました。

そして、カムヌナカワミミノミコトは躊躇《ちゅうちょ》することなく、タギシミミノミコトの息の根をとめました。

このような経緯から、カムヤイミミノミコトは次のように宣言しました。

「兄であれども、敵を殺せなかった私は天皇となるべきではない。**勇敢にやり遂げることができたあなたこそが天下を治めるべきだ。**私は、祭祀《さいし》を司る者としてあなたにお仕えしよう」

こうして、**第二代の綏靖《すいぜい》天皇にはカムヌナカワミミノミコトが即位しました。**

神武天皇の享年は一三七歳。

陵墓は畝火《うねび》の北方の白檮《かし》の尾根のあたりにあります。

第十代　崇神天皇

大和国の統一と徴税

【神の祟りによる疫病とタケハニヤスノミコの謀反】

天皇の位は綏靖、安寧《あんねい》、懿徳《いとく》、孝昭《こうしょう》、孝安《こうあん》、孝霊《こうれい》、孝元《こうげん》、開化《かいか》と受け継がれ、開化天皇崩御の後、第三子のミマキイリヒコイニエノミコト（御真木入日子印恵の命）が師木《しき》[*1]の水垣《みずかき》で天下を治めました（第十代崇神《すじん》天皇）。崇神天皇には十二人の子がありましたが、ヤマトヒコノミコト（倭日子の命）を亡くすと、埋葬のときにはじめて人垣《ひとがき》[*2]を立てた（殉死者を埋めた）とあります。

崇神天皇の時代には疫病が大流行しました。困り果てた天皇は夢に神託《しんたく》を得るため、神牀《かむどこ》[*3]を整えて横になりました。するとオオモノヌシノカミが現れ、こう告げたのです。

「**疫病はわが意思である。意富多々泥古《おおたたねこ》にわれを祀《まつ》らせれば祟りはやむだろう**」

天皇は四方に使者を送り、河内《かわち》の美努《みの》でその男を発見しました。すると男はオオモノヌシノカミとスエツミミノミコト（陶津耳の命）の娘、イクタマヨリビメ（活玉依毘売）の間に生まれたクシミカタノミコト（櫛御方の命）の曾孫《ひまご》であることがわかったのです。**すぐさま意富多々泥古を神主として御諸山《みもろやま》に行かせ、オオモノヌシを祀る神事を執り行なわせました。**そして、あらゆる天

謎の少女の歌で謀反計画を察知できた。

＊1　奈良県桜井市金屋のあたり。
＊2　『日本書紀』にはこれ以降殉死は禁じた、とある。
＊3　神牀とは、神託を受けるための専用の寝床。

実在した？しなかった？「欠史八代」の謎

『古事記』では、第二代綏靖天皇から第九代開化天皇までの８名の天皇について、詳細な記載がないことから「欠史八代」と呼び、さまざまな議論がなされています。代表的なものは、これらの天皇は存在せず、天皇家の歴史をより古く長くするために足したという説。その根拠の一つが、天皇たちの崩御の年齢にあります。神武天皇をはじめとして１００歳を超える長寿はこの時代にあり得ないだろう、というのです。神武天皇も第十代崇神天皇も実在しなかったという説もあります。一方で、神武天皇が成したとされる多くの功績は、実は親子数代にわたって成したことで、それらがすべて神武天皇の項にまとめられているのではないか、という説もあります。謎は深まります。

初代から十代までの天皇の系図

1 神《じん》武《む》天皇
(神《カム》倭《ヤマト》伊《イ》波《ワ》礼《レ》毗《ビ》古《コ》の《ノ》命《ミコト》)・137歳*

2 綏《すい》靖《ぜい》天皇
(神《カム》沼《ヌナ》河《カワ》耳《ミミ》の《ノ》命《ミコト》)・45歳

3 安《あん》寧《ねい》天皇
(師《シ》木《キ》津《ツ》日《ヒ》子《コ》玉《タマ》手《デ》見《ミ》の《ノ》命《ミコト》)・49歳

4 懿《い》徳《とく》天皇
(大《オオ》倭《ヤマト》日《ヒ》子《コ》鉏《スキ》友《トモ》の《ノ》命《ミコト》)・45歳

5 孝《こう》昭《しょう》天皇
(御《ミ》真《マ》津《ツ》日《ヒ》子《コ》訶《カ》恵《エ》志《シ》泥《ネ》の《ノ》命《ミコト》)・93歳

6 孝《こう》安《あん》天皇
(大《オオ》倭《ヤマト》帯《タラシ》日《ヒ》子《コ》国《クニ》忍《オシ》人《ヒト》の《ノ》命《ミコト》)・123歳

7 孝《こう》霊《れい》天皇
(大《オオ》倭《ヤマト》根《ネ》子《コ》日《ヒ》子《コ》賦《フ》斗《ト》邇《ニ》の《ノ》命《ミコト》)・106歳

8 孝《こう》元《げん》天皇
(大《オオ》倭《ヤマト》根《ネ》子《コ》日《ヒ》子《コ》国《クニ》玖《ク》琉《ル》の《ノ》命《ミコト》)・57歳

9 開《かい》化《か》天皇
(若《ワカ》倭《ヤマト》根《ネ》子《コ》日《ヒ》子《コ》大《オオ》毗《ビ》々《ビ》の《ノ》命《ミコト》)・63歳

10 崇《す》神《じん》天皇
(御《ミ》真《マ》木《キ》入《イリ》日《ヒ》子《コ》印《イニ》恵《エ》の《ノ》命《ミコト》)・168歳

※年齢は崩御の年齢

つ神・国つ神の社《やしろ》を定め、自然界の神々に供え物を捧げました。**すると、疫病が治まり、国は平和をとり戻したのです。**

意富多々泥古の曽祖父、クシミカタノミコトの出生には次のような秘密がありました。母のイクタマヨリビメは輝くような美少女で、そこに音も立てずに夜な夜な訪ねてくる見目麗《みめうるわ》しい男がいました。二人は共寝をし、イクタマヨリビメは身ごもります。

男の素性を知るため両親は床の前に赤い土を撒き、麻糸を針に通して、男の着物の裾《すそ》に刺すよう娘にいいつけました。

翌朝、その糸をたどっていくと、なんと美和《みわ》山《やま》の神の社に続いていました。これにより、**男がオオモノヌシノオオカミであり、お腹の子が神の子だとわかったのです。**

さて、崇神天皇は、伯父のオオビコノミコト（大毗古の命）と、その子タケヌナカワワケノミコト（建沼河別の命）を東方に遣わし、従わない人々を平定するよう命じました。

オオビコノミコトが山代《やましろ》（京都府南東部）の国の坂道にさしかかったときのこと、**腰裳《こしも》をつけた少女が現れ、謎めいた歌を口にし、忽然《こつぜん》と姿を消しました。**

奇妙に思ったオオビコノミコトは都へ引き返し、天皇に報告すると、

「山代にいるそなたの異母兄、タケハニヤスノミコ（建波邇安の王）が邪心を起こしたに違いない。ただちに討伐なさい」

天皇はそういって、丸邇《わに》の臣《おみ》の祖先であるヒコクニブクノミコト（日子国夫玖の命）を加えて、討伐に遣わしました。出陣にあたり、ヒコクニブクノミコトは忌瓮《いわいべ》*を用意して、旅の安全を祈願しました。和訶羅河《わからがわ》（木津川）に着くと、

＊　忌瓮とは神に供えるための忌み清めた容器。

イクタマヨリビメのもとに通う、美和山の神オオモノヌシノカミ。

タケハニヤスノミコの軍勢が待ち構えていました。合戦は双方一本ずつ忌矢《いわいや》(神聖な矢)を放つことではじまります。

ヒコクニブクノミコトが放った矢は見事にタケハニヤスノミコを射抜き、その命を奪いました。これを見て、タケハニヤスノミコの軍勢は一気に戦意を喪失し、総崩れとなって壊滅させられたのです。

オオビコノミコトは高志《こし》の国を平定し、なおも東に進み、東方の十二カ国の平定を終えたわが子の軍と合流しました。ゆえに、その地を相《あい》津《づ》(福島県会津)といいます。

天下は太平になり、人々は富み栄えました。そこで天皇は男には猟の獲物を、女には織物を税として課することにしました。

天皇の享年は一六八歳。陵墓は、*山《やま》の辺《べ》の道《みち》の勾《まがり》の岡《おか》のあたりにあります。

＊　奈良県天理市柳本町の地。

二 垂仁天皇暗殺計画

兄に究極の選択を強いられた后

イクメイリビコイサチノミコト（伊久米伊理毗古伊佐知の命）は、師木《しき》の玉垣《たまかき》＊の宮で天下を治めました（**第十一代垂仁《すいにん》天皇**）。垂仁天皇はヒコイマスノミコ（日子坐の王）の娘、サホビメ（沙本毗売）を后とし、たくさんの子に恵まれました。

ある日のこと。**サホビメは兄のサホビコノミコト（沙本毗古の命）から、夫と兄のどちらを愛おしいと思うかと尋ねられ、兄と答えました。**すると、

「そう思うなら、二人で天下を治めよう」

と小刀を渡し、**天皇が寝ている間に刺し殺すよういい含めます**。

サホビメの悲劇

陰謀があるとは露知らず、天皇はサホビメの膝を枕に寝ていました。サホビメは小刀を三度振り上げますが、どうしても刺すことができません。悲しみに耐えきれず、あふれ出た涙が天皇の顔にこぼれ落ちます。驚いて目を覚ました天皇が、いま見た夢について語りました。

「沙本《さほ》のほうからにわか雨が降ってきて、私の顔をぬらし、錦色の小さな蛇《へび》が私の首に巻きついた。何の前兆だろうか」

サホビメは夫を殺すことができなかった。

＊　玉垣の宮は、奈良県桜井市穴師の地。

サホビメは剃り落した髪で頭を覆い、衣服などを腐らせていたため、捕らえられなかった。

隠し立ては無理と悟ったサホビメはすべてを白状します。

「危うく騙《だま》し討ちにあうところであった」

天皇は、すぐさまサホビコノミコトを討伐する準備を整えました。

一方のサホビコノミコトは稲城《いなき》と呼ばれる砦《とりで》を築き、迎撃態勢を整えます。サホビメは身ごもっていましたが、覚悟を決め、兄のいる稲城のなかへ向かいます。

天皇はこれまでの寵愛《ちょうあい》を思うと攻め入ることができません。膠着《こうちゃく》状態が続いている間に**サホビメは男子を出産しました。**

天皇は赤子とともにサホビメを奪い返そうと試みますが、サホビメが策を施していたため失敗に終わり、赤子だけをとり戻すことができました。妻の決意を知りあきらめるほかないと覚悟を決めた天皇は、妻の思いを叶えるため問答を重ねました。

サホビメは子の名を、**ホムチワケノミコ（本牟智和気の御子）**と名づけ、御子には乳母と赤子に湯を使わせる係をつけ、しっかりお育てくださいといいました。そして後妻として、旦波《たには》のヒコタタスミチノウシノミコ（比古多々須美智の宇斯の王）の二人の娘をすすめたのです。

問答が終わると、**サホビコノミコトは討たれ、サホビメは自ら命を絶ちました。**

母を失った憐《あわ》れな御子を溺愛《できあい》した天皇でしたが、**ホムチワケノミコは大人になっても口をきくことができませんでした。**そしてあるとき夢のお告げがありました。

「私を祀る神殿を天皇の宮殿のごとく修繕すれば御子は口をきけるようになる」

太占《ふとまに》*1によると御子にふりかかった祟《たた》りは出雲の大神、オオクニヌシノカミ（大国主の神）の意思でした。そこで**御子に出雲の大神の社を参拝させたところ、その帰途で御子がはじめて口をきいたのです。**天皇は報告を受けるとたいそう喜び、神殿の修繕を命じました。

さらに天皇はサホビメの遺言に従おうと、ミチノウシノミコの娘四人を呼び寄せましたが、美しい二人だけを娶り、あとの二人は故郷へ追い返しました。

晩年、**天皇は多遅摩毛理《たぢまもり》という人物に、常世《とこよ》の国《くに》へ行き、その実を食べると不老不死《ふろうふし》になるという「ときじくのかくの木の実」をとってくるように命じます。多遅摩毛理**が長い年月をかけてやっと戻ってきたとき、天皇はすでに崩御《ほうぎょ》していました。多遅摩毛理は陵墓の入り口に木の実を捧げたのち、そこで亡くなりました。

垂仁天皇の享年は一五三歳。陵墓は菅原《すがわら》*2の御《み》立野《たたしの》のなかにあります。

＊1　太占は鹿の骨や亀甲を用いた占いのこと。
＊2　菅原の御立野は、奈良市尻辻町の地。

第十代崇神天皇から第十一代垂仁天皇の周辺の系図

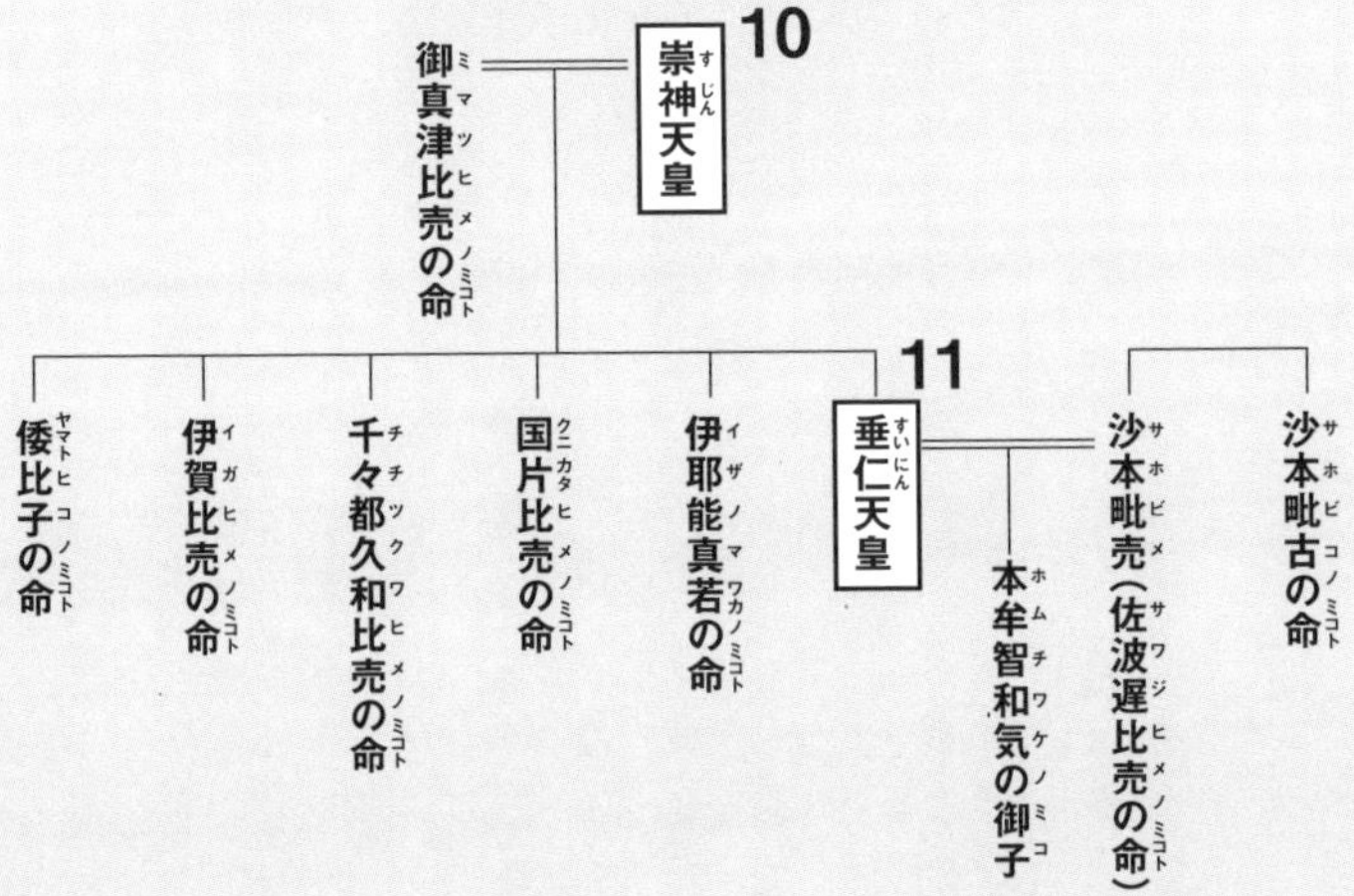

醜さゆえに実家に帰された娘のお話

垂仁天皇に「醜い」という理由で実家へ追い返された娘の一人、マトノヒメですが、「醜いからと実家に返されるとは近所の人になにをいわれるか」と恥じ、弟国(現在の京都府長岡京市周辺)に着くと、深い淵に身を投げて死んでしまいました。姉妹を娶りながら、美しい娘だけ残し醜い娘を追い返した結果悲しい結末を迎えた話として有名なのは、コノハナノサクヤビメとイワナガヒメのお話。ニニギノミコトが醜いイワナガヒメを返したことで、ヒメの父であった神からの呪いで天皇に寿命ができたといわれています。一方、神の子ではなく、人の子であったがために呪いをかけることもできず、ただ命を絶つしかなかったマトノヒメ。憐れさもひとしおです。

古事記Column

逸話の多い垂仁天皇

『古事記』の垂仁《すいにん》天皇条ではたくさんの逸話が語られています。これらの話は古い体制から新しい体制への移行を示すものと考えられています。それでは、逸話を深読みしてみましょう。

①天皇の暗殺未遂

垂仁天皇の后となったサホビメは実兄のサホビコにいわれて、天皇の暗殺を試みますが、結局失敗に終わります。この話には父系制の天皇家と母系制との対立が語られているといわれています。サホビコとサホビメの家柄は日本に古くからある母系制の家柄でした。母系制の場合、外から夫を迎え入れて家系を継いでいかなければなりませんが、母は開花《かいか》天皇の皇子に嫁ぎ、サホビメは垂仁天皇に嫁いでいます。ほかに娘がいない場合、家は途絶えてしまうのです。そのため、サホビコはサホビメに天皇の暗殺を指示し、なんとか回避しようとしたのではないでしょうか。

②妻との別れ

天皇に反逆の事実を知られたサホビメは兄のサホビコが立てこもっている稲城《いなき》へ入り、そこで天皇の子を出産します。なんとか子だけ取り戻すことができた天皇は、サホビメに「子どもの名前はどうする?」、「乳母は誰がいい?」と問いかけます。時間稼ぎのように見えますが、このような役割は母方にあったためだといわれています。さらに天皇は「次の后は誰がいい?」とまで聞いているのには驚かされます。サホビメは二人の娘を推薦し、「忠誠心の厚い人々なので」と言葉を添えま

した。自虐的な発言ですが、一方で、天皇の后となる女性とは、どのような人品であるべきかを宣誓しているかのようでもあります。

③口のきけない子ども

サホビメが稲城の中で産んだ皇子ホムチワケは大きく成長しても話すことができませんでした。これはオオクニヌシ（出雲大神）の祟りであることがわかります。なぜホムチワケに祟ったのでしょう。諸説ありますが、これにはオオクニヌシの国譲りの神話が関係していると考えられます。国譲りの際にオオクニヌシは出雲に立派な御殿を建てることを条件にしました。しかしその後、立派な御殿は放置されていたのではないでしょうか。そのため、天皇の子であるホムチワケに祟ることで、ちゃんと祀るように再度伝えたのではないでしょうか。

④次の后をめぐる悲劇

天皇は新たな后として、サホビメが勧めた姉妹を迎えますが、なぜか四姉妹がやってきます。そこで天皇は美しくない下の妹二人を実家に戻してしまいます。このような話は、ニニギの話に登場するコノハナサクヤビメとイワナガヒメの神話にも出てきます。神話では天皇に寿命を与えるという呪いを受けました。しかし、垂仁天皇の話では、なんの呪いもありません。これは神々を中心とする時代から、人の世を中心とする時代に移行したことを示していると考えられます。

⑤不老不死の果実

垂仁天皇は、タジマモリに常世《とこよ》の国《くに》にあるという不老不死の果実を持ち帰るよう命じます。しかし、タジマモリが不老不死の果実を持ち帰ったときには、天皇はすでに亡くなっていました。常世国という神話的な世界は残っていますが、結果的に効果を得られませんでした。その点から、神話的世界の終焉を感じさせます。

第十二代景行天皇とヤマトタケル

〜兄を虐殺し、出雲建を謀殺〜

ヤマトタケルの名の由来

オオタラシヒコオシロワケ（大帯日子淤斯呂和気）天皇（**第十二代景行《けいこう》天皇**）は、纏向《まきむく》（奈良県桜井市）の日代《ひしろ》の宮で、天下を治めました。天皇は多くの妻をもち、合わせて八十人の御子を授かります。

そのなかで皇位継承の資格がある御子は、ワカタラシヒコノミコト（若帯日子の命、のちに第十三代成務《せいむ》天皇）、ヤマトタケルノミコト（倭建の命）、イオキノイリヒコノミコト（五百木之入日子の命）の三人です。三人には太子《ひつぎのみこ》の称号が与えられ、他の御子はすべて、国造《くにのみやつこ》か和気《わけ》、稲置《いなき》、県主《あがたぬし》のどれかとなりました。

あるとき天皇は、オウスノミコト（小碓の命、のちのヤマトタケルノミコト）にいいます。

「どうしておまえの兄、オオウスノミコト（大碓の命）は朝夕の食事の席に陪席しないのか。**おまえが行って、ねぎ*教え諭《さと》しなさい**」

ところが、五日たってもオオウスノミコトは姿を見せません。天皇がオウスノミコトに尋ねたところ、すでに「ねぎをした」といいます。どういうふうに「ねぎをした」のかと聞くと、

オウスノミコトは兄の身体を引き裂いた。

＊「ねぐ」は「労う（ねぎらう）」といった意味だが、オウスノミコトは暴力的な意味にとり違えてしまったと考えられる。

第十一代垂仁天皇から第十二代景行天皇の周辺の系図

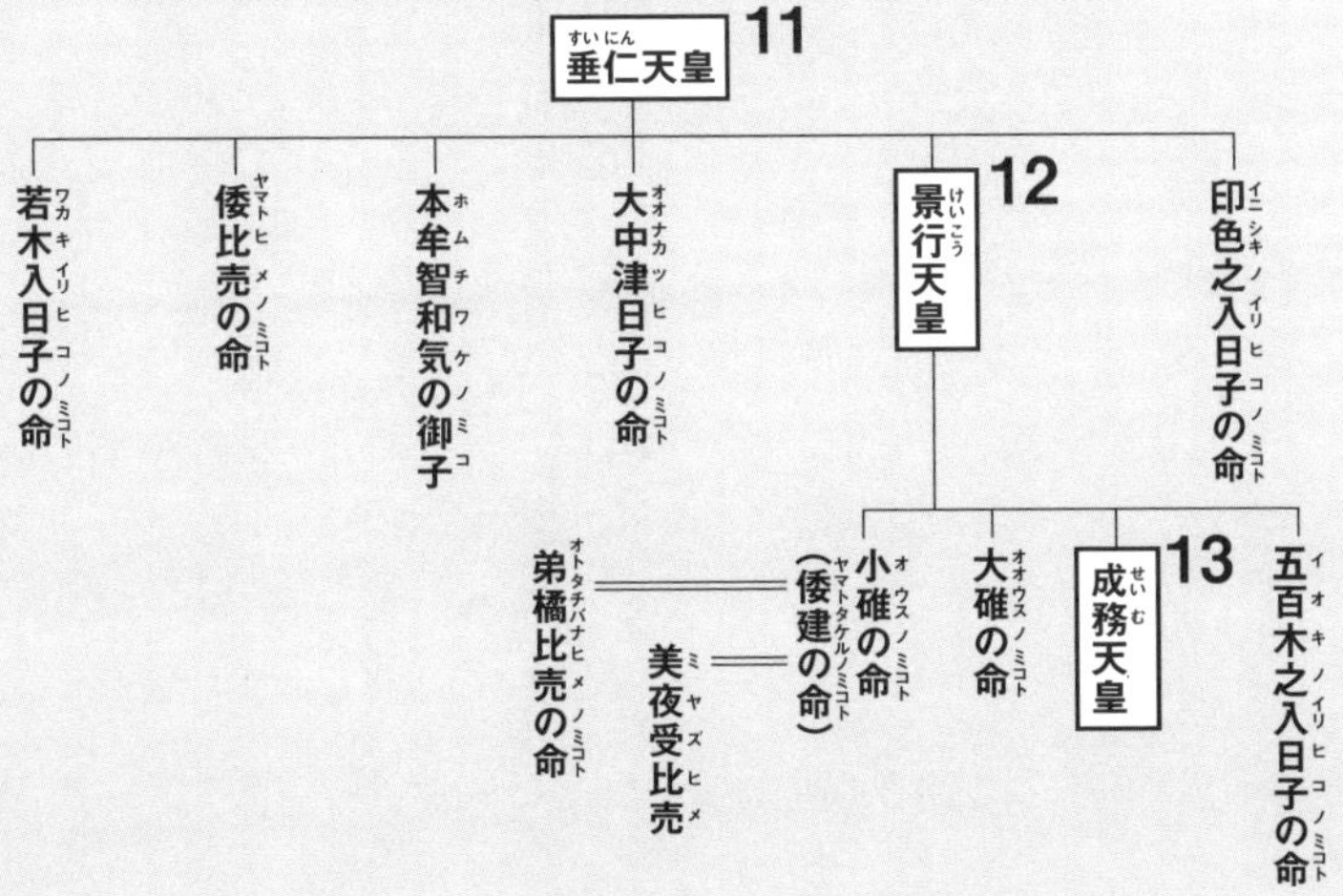

天皇の狙った女性を略奪したオオウスノミコト

オオウスノミコトがなぜ朝夕の食事に出てこなくなったかというと、それは美しい姉妹に夢中になってしまったからでした。その姉妹は、そもそも景行天皇が噂を聞いて、自分のもとへ呼び寄せるはずでした。天皇に二人を連れて来るように命ぜられたオオウスノミコトは、姉妹を父のもとへ連れ帰らず、自分の妃にしてしまったというのです。そして、天皇のもとへは別の姉妹を連れて行ったというから大胆です。天皇はその二人が所望した姉妹ではないと気づきましたが、オオウスノミコトをとがめることなく、かといって偽物の姉妹を妃にすることなく放っておいたそうです。

オオウスノミコトの墓は、愛知県豊田市猿《さ》投《なげ》町鷲取の猿投山の山中にある。写真は西中山町から見た猿投山。

オウスノミコトは答えます。

「はい。**明け方、兄上が厠《かわや》に行くところを待ち構えて捕らえ、手足をもぎり、薦《こも》に包んで投げ捨てました**」

天皇は、親切に教え諭すよういっただけだったにもかかわらず、オウスノミコトは無残に兄を殺していたのです。

その**荒々しい心を恐れた天皇は、オウスノミコトに西方*へ行き、熊曾《くまそ》建《たける》兄弟を討ちとるよう命じました。**

オウスノミコトは、旅立つにあたり、叔母のヤマトヒメノミコト(倭比売の命)から女物の衣装をもらい、同時に授かった剣を懐《ふところ》に入れて出発しました。

長い道のりを旅し、熊曾建兄弟の家に到着したオウスノミコトが様子をうかがっていると、宴《うたげ》があることがわかりました。そこで**オウスノミコトはヤマトヒメノミコトにもらった女物の衣装を着て、宴に紛《まぎ》れ込むことを考えつきました。**その姿は並みいる美女たちがすっかり霞《かす》んでしまうほどの美しさでした。

兄弟に気に入られ、そばに座らされたオウスノミコトは、**二人の酔いが回ったのを見はからうと、最初に兄を刺し殺しました。**そして弟に深手を負わせると、弟は息絶え絶えにこういいます。

「大和《おおやまと》の国にわれら兄弟に勝《まさ》る猛々《たけだけ》しい男がいたとは知りませんでした。あなたにわが名を献上します。これからはヤマトタケルノミコトとお名乗りください」

オウスノミコトは弟を真っ二つに切り裂いて、殺しました。

このときから、その名を称えられて、ヤマトタケルノミコトとなりました。

＊ 西方は、ここでは熊曾の地を指す。熊本県球磨（くま）地方と鹿児島県曽於（そお）地方。

オウスノミコトは女装して九州で勢力を広げる熊曾建兄弟を討ちとることに成功した。

ヤマトタケルノミコトは都に帰る途中、ついでに出雲《いずも》建《たける》を殺そうと思い立ち、遠回りして出雲の国に入りました。

今度も謀殺をはかり、友好的な態度で近づいて出雲建と盟友の契りを交わします。

そして、河で遊んでいるときに、

「太刀を交換しよう」

といって、出雲建に刀を抜けない樫《かし》の木でつくった偽の太刀をつかませると、太刀合わせを申し込み、あえなく斬り殺したのです。

このときヤマトタケルノミコトはこのような歌を詠みました。

出雲建の帯びている太刀は
見かけは立派だが
刀身がないとは気の毒なことだなあ

ヤマトタケルノミコトはこうして西日本の各地を平定したのち、都へ戻りました。

二 ヤマトタケルの遠征

悲劇の英雄ヤマトタケルの最期

東方各地を平定する

「東方の十二の国を回り、荒ぶる神と従わない者どもを平定せよ」

休む間もなく、ヤマトタケルノミコトは景行天皇から新たな命令を下されました。天皇はヤマトタケルノミコトに大きな矛《ほこ》を授け、吉備《きび》の臣《おみ》らの祖先であるミスキトモミミタケヒコ（御鉏友耳建日子）を副将として同行させました。

ヤマトタケルノミコトは[*1]伊勢の大御神《おおみかみ》の宮で参拝を終えたのち、叔母のヤマトヒメノミコトを訪ね、胸の内を明かします。

「天皇は私など死んでしまえばいいと思っておられるのでしょうか」

ヤマトヒメは草薙《くさなぎ》の剣《つるぎ》と、「もし火急なことがあったときは、これを開きなさい」と、一つの袋を授けました。

[*2]尾張《おわり》の国ではミヤズヒメ（美夜受比売）の家に泊まりますが、結婚の約束だけをして先に進みます。

[*3]相模《さがみ》の国では、相模の国の造の罠にはまり、野原のなかで炎の海に囲まれました。しかし、**草薙の剣で草を刈り、ヤマトヒメがくれた袋のなかにあった火打ち石で火をつけて向かってくる火を退けると、相模の国の造とその一堂を皆**

ヤマトタケルは炎の海に囲まれた。

＊1　伊勢の大御神の宮は、伊勢神宮の内宮。
＊2　尾張の国は愛知県北西部。
＊3　相模の国は神奈川県。このエピソードから焼遣（焼津）と呼ぶ。

嵐に見舞われた一行はオトタチバナヒメの犠牲により遠征を続けることができた。

殺しにしました。

そこからさらに進み、走水《はしりみず》の海（浦賀水道）を渡ろうとしたときのこと、海峡の神に荒波を立てられ、一向に進むことができなくなると、遠征に同行していた后のオトタチバナヒメ（弟橘比売）がいいました。

「私が御子の身代わりとなって海中に入りましょう。御子には必ず任務を成し遂げられますよう」

そして、**菅畳《すがたたみ》や皮、絹の敷物やらを波の上に敷き、オトタチバナヒメが海中へ消えていくと荒波はぴたりと止まり、船はようやく前に進むことができました。**

それから七日後。浜辺にオトタチバナヒメの櫛《くし》が流れつき、ヤマトタケルノミコトは墓をつくり、そのなかに櫛を納めました。

行く先々で荒ぶる蝦夷《えみし》*や荒ぶる神々を服従さ

＊　関東以北の人々をさす。

せ、ヤマトタケルノミコトはついに東方の十二カ国の東端に達しました。

甲斐《かい》の国から科野《しなの》の国へ入り、土地の神を服従させ、尾張へ戻ると、ヤマトタケルノミコトは結婚の約束を果たすため、ミヤズヒメの家に入ります。衣の裾《すそ》に月の障《さわ》りの血がついているのを見つけましたが、それにかまわず共寝をしました。

その後、**ヤマトタケルノミコトはミヤズヒメのもとに草薙の剣を置いて、伊服岐《いぶき》の山の神を討ちとるために出かけました。**

「この山の神は素手で討ちとってやろう」

山の神をなめてかかり、そう豪語します。

そして、目の前に大きな白い猪《いのしし》が現れると、山の神の遣いが姿を変えていると思い、「**いま殺さなくても帰りに殺せばよい**」

と口にします。しかし、白い猪は遣いではなく、山の神だったのです。

伊服岐の山の神は怒り、大粒の雹《ひょう》を降らして攻撃し、全身を痛めつけられたヤマトタケルノミコトは山を下り、玉倉部《たまくらべ》の泉で休息したものの衰弱が激しく、まもなく歩くこともできなくなりました。そして、能煩野《のぼの》に着くと、故郷を懐かしむ歌を詠みました。

大和は国のなかでもすぐれた国だ
青々とした垣根のような山に囲まれ
大和こそ本当に美しい国だ

まもなく、帰らぬ人になりました。

知らせを受け、后や御子が能煩野へ駆けつけました。泣きながら葬送の歌を詠んでいると、**ヤマトタケルノミコトの魂が大きな白い鳥*となって、羽ばたいていきます。**このとき后らが白鳥を追いながら詠んだ四首の歌は、今も天皇の大御葬《おおみはぶり》の折に詠《うた》われています。

＊　白鳥は最後には河内の国の志畿に降り立った。その地に墓をつくり、ヤマトタケルノミコトの魂を鎮め、白鳥の御陵と名付けた。

能煩野で最期を迎えたヤマトタケルノミコト。その魂は白鳥に姿を変え、飛び立った。

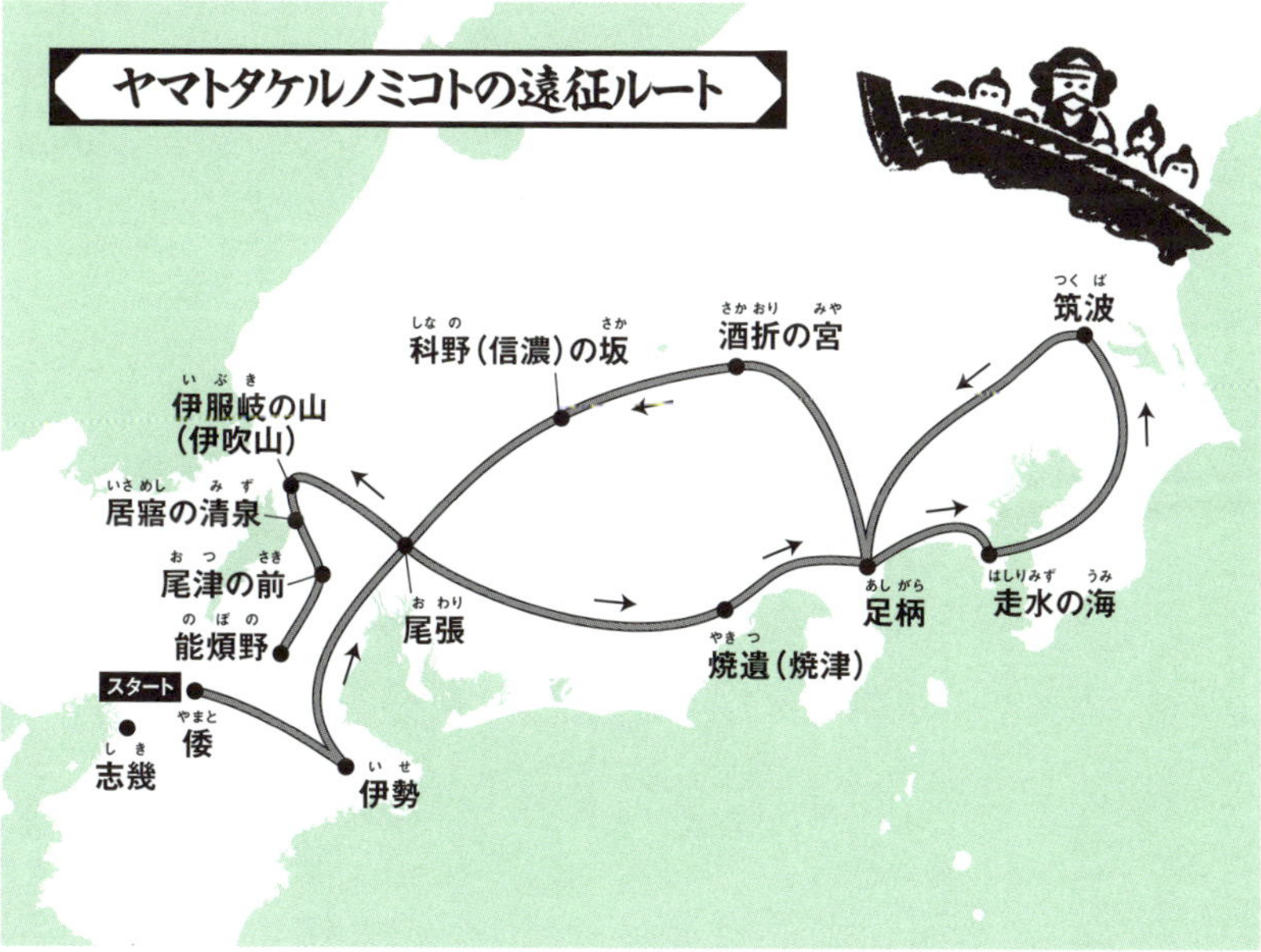

神功皇后の新羅征服

【新羅征服と御子の誕生】

第十二代景行天皇の崩御の後、皇位を継いだ第十三代成務天皇は御子に恵まれず、**ヤマトタケルノミコトと垂仁天皇の娘、フタヂノイリビメノミコト(布多遅能伊理毗売の命)の間に生まれた甥《おい》のタラシナカツヒコノミコト(帯中津日子の命)が第十四代仲哀《ちゅうあい》天皇として即位しました。**

しかし仲哀天皇は、

「西のほうに国がある。財宝に満ちあふれたその国を攻めよ。私が服属させ、そなたに授けよう」

という**神功《じんぐう》皇后に下りた神託を蔑《ないがし》ろにしたため神の怒りに触れ、急死します。**

仲哀天皇の突然の死

人々は驚き慌《あわ》て、大祓《おおはらえ》をしたうえで、あらためて神託を請うと、先と同じ内容のあとに、

「そもそもこの国はそなた(皇后)の腹のなかにいる御子が治めるべき国である」

という言葉が加わって返ってきました。御子の性別を尋ねると、男との答えです。


さらに神託はアマテラスオオミカミの意思によるもので、その**お告げは航海の神、墨《すみ》の江《え》の大神《おおかみ》(住吉大社の三神)からもたらされていたの**

仲哀天皇は琴を弾き神の言葉を求めた。

怒濤のように押し寄せる神功皇后の軍勢に、新羅の国王は恐れをなしてしまった。

です。大神はいいました。

「西方の国を求めようと思うならば、天つ神・国つ神をはじめとして、山の神・河の神、海の神などあらゆる神々にもれなく捧げ物をせよ。それから私の神霊を船の上に祀り、*1真木《まき》の灰を瓢箪《ひょうたん》に入れ、箸とひらでをたくさんつくり、それをすべて海に散らし、浮かべて渡っていくがよいぞ」

神功皇后は神託のままに準備を整え、軍を整えると船を並べて出航しました。追い風が盛んに吹き、気づくと船団は新羅《しらぎ》の国の半ばまで達していました。

新羅の国王は恐れをなしていいました。

「今後は天皇の命令に従い、*2飼部《かいべ》としてお仕えします。毎年朝貢《ちょうこう》の船を並べ、天と地のある限り、怠《おこた》りなくお仕えしましょう」

このような経緯から、**皇后は新羅を御馬甘《みまかい》**

＊1　真木の灰は、檜や杉の木を焼いてできた灰のこと。ひらでは柏の葉を合わせてつくった平たい皿。
＊2　飼部は、馬を飼育・調教にあたる部。御馬甘も同意。

に、百済《くだら》を海の向こうの屯家《みやけ》としました。それから征服の印として手にした杖を国王の宮門前に突き立て、墨の江の大神を国を守る神として鎮座させ祀った後、船を返して引き上げたのでした。

このころ皇后はすでに身ごもっていました。皇后は帰途に着く前に産気づきそうになりますが、**まじないによって切り抜け、筑紫《つくし》の国で御子を出産しました。**

筑紫から倭《やまと》の国へ戻るにあたり、人心を探ろうと喪船《もふね》（棺《ひつぎ》を載せる船）を一艘《そう》用意して、そこに御子を移し、一方では先触れの使者にいい含めて、**「御子はすでにお亡くなりになった」との噂を流させました。**

噂を真に受けて、行動に出た者がいました。御子の異母兄にあたる、カゴサカノミコ（香坂の王）とオシクマノミコ（忍熊の王）です。彼らは皇后を待ち伏せして殺そうと考え、ことの成否を占うための誓約《うけい》を行なうと、**カゴサカノミコは怒り狂った大きな猪に食い殺されてしまいました。**オシクマノミコはこれを凶兆《きょうちょう》と悟らずに、喪船に襲いかかります。

皇后も喪船に隠した兵士に命じて、これに応戦。双方一歩も引かないなか、皇后・太子*側の将軍ナニワネコタケフルクマノミコト（難波根子建振熊の命）は計略をめぐらせ、偽《いつわ》りの降伏をします。そして相手が武器をしまったところで攻撃を仕掛けると、不意を突かれたオシクマノミコは敗走の末、壊滅させられました。**オシクマノミコと相手側の将軍伊佐比《いさひ》の宿禰《すくね》は、淡海《おうみ》の海（琵琶湖）に身を投じ、命を絶ちました。**

戦の穢《けが》れを禊《みそぎ》で落とすため、太子は高志の前《さき》の角鹿《つぬが》（敦賀市）の仮の宮に籠《こ》もっていました。

＊　太子とは御子のこと。

神功皇后の新羅遠征ルート

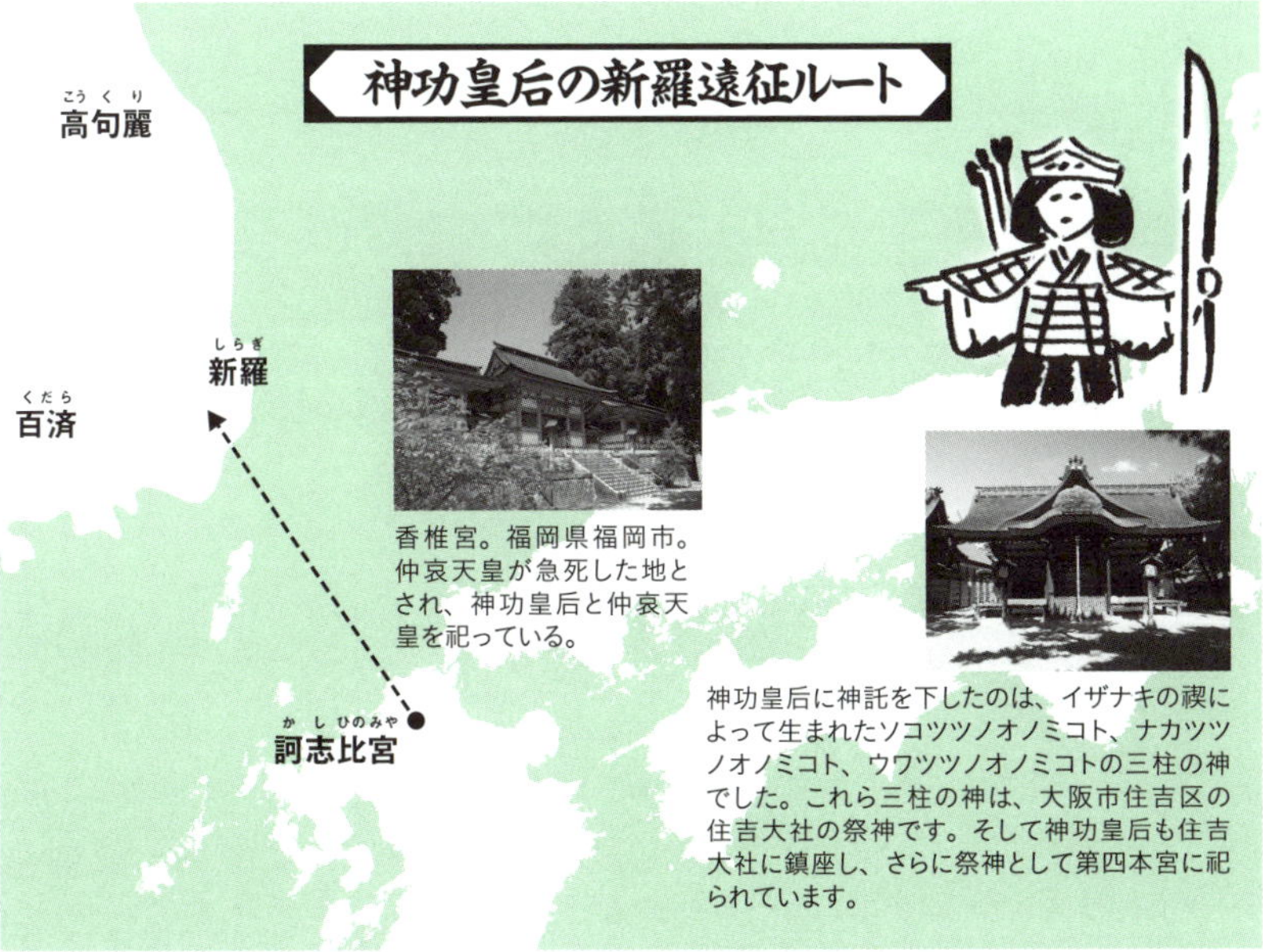

香椎宮。福岡県福岡市。仲哀天皇が急死した地とされ、神功皇后と仲哀天皇を祀っている。

神功皇后に神託を下したのは、イザナキの禊によって生まれたソコツツノオノミコト、ナカツツノオノミコト、ウワツツノオノミコトの三柱の神でした。これら三柱の神は、大阪市住吉区の住吉大社の祭神です。そして神功皇后も住吉大社に鎮座し、さらに祭神として第四本宮に祀られています。

古事記伝承の地をめぐる

神功皇后にまつわる神社

仲哀天皇の妻である神功皇后が、夫にかわり新羅への遠征を成功させるまでの物語には、深いゆかりのある土地などが多くあります。

香椎宮《かしいぐう》の彩杉《あやすぎ》。香椎宮の御神木。神功皇后は彩杉の小枝を手折り、お守りとし、凱旋後、香椎宮の境内に彩杉の小枝を植えたと伝えられる。

鎮懐石《ちんかいせき》八幡宮。福岡県糸島市。新羅遠征の際、皇后が出産を遅らせるために抱き、願をかけたとされる石を祀る。

浜辺には数多くの鼻に傷があるイルカが打ち上げられていた。

ある夜のこと。**太子の夢にその地に鎮座するイザサワケノオオカミノミコト（伊奢沙和気の大神の命）が現れ、**

「わが名を御子に差し上げます」

といいました。太子が礼をいうと、その神は、次のように返しました。

「明日の朝、浜辺に行ってみなされ。祝いの贈り物を差し上げましょう」

翌朝、浜辺は見渡す限り鼻に傷のついたイルカで満ちあふれていました。太子は大変に感謝し、**この神をミケツオオカミ（御食つ大神）と名づけ、太子はホムダワケノミコト（品陀和気の命）という名になりました（第十五代応神《おうじん》天皇）**。

なお、仲哀天皇は享年五十二歳。陵墓は河内《かわち》の恵賀《えが》の長江《ながえ》にあります。神功皇后は一〇〇歳で亡くなり、狭城《さき》の楯列《たたなみ》（奈良市山陵町）の陵墓に葬られました。

古事記伝承の地をめぐる

氣比《けひ》神宮

神功皇后は我が子に名をくれたミケツオオカミ（御食つ大神）を祀るため創建したといわれる氣比神宮。この神宮がある福井県敦賀市は、ホムダワケノミコトと名を交換した地といわれている。

福井県敦賀市にある氣比神宮。

第十二代景行天皇から第十五代応神天皇までの周辺の系図

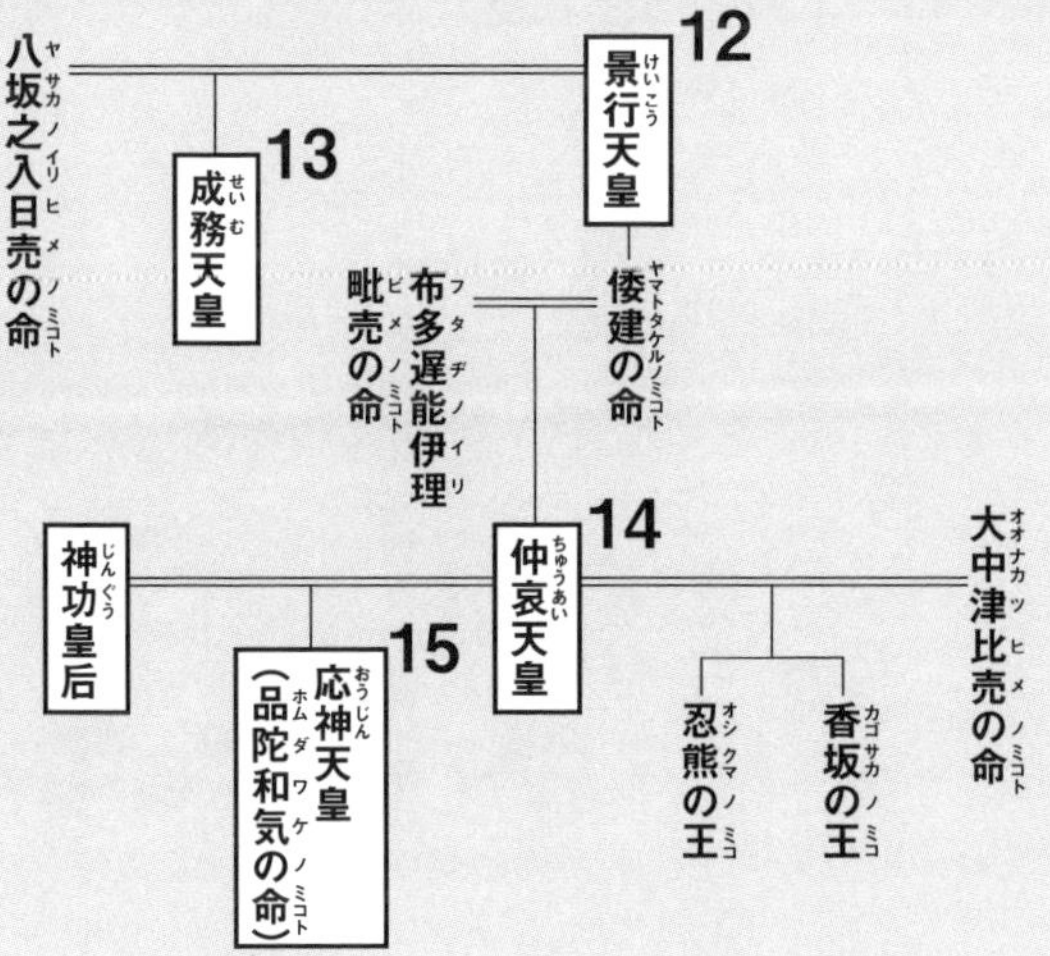

第十五代応神天皇の偏愛

〜愛する人との間の最愛の息子を後継者に〜

第十五代**応神天皇**は、＊軽島《かるしま》の明《あきら》の宮で天下を治めました。皇子十一人、皇女十五人の二十六人の子がいました。

あるとき応神天皇は、皇子であるオオヤマモリノミコト（大山守の命）と、オオサザキノミコト（大雀の命）を呼んで、

「年上の子と年下の子、どちらが愛しいと思うか？」

と問いかけました。このような問いかけをしたのは、**ミヤヌシヤカワエヒメ（宮主矢河枝比売）との間に生まれた、ウヂノワキイラツコ（宇遅能和紀朗子）を自分の後継者にしたいと考えていた**からです。

父の心を読んだ太子

オオヤマモリノミコトは、

「年上の子です」

と答えました。一方、**オオサザキノミコトは天皇の気持ちを読み**、

「年上の子はすでに成長していて心配することはありませんが、年下の子はまだ幼いので、それは愛しいでしょう」

と答えました。すると天皇はこの意見に同意を示し、

「オオヤマモリノミコトは山と海を司り、オオ

応神天皇は二人の皇子に問いかけた。

＊現在の軽島豊明宮（奈良県橿原市）。

オオヤマモリノミコトが乗った舟の船頭に扮したウヂノワキイラツコは
川の中央にきたときに舟を傾け、オオヤマモリノミコトを川に落として殺した。

サザキノミコトは政治を補佐しなさい。ウヂノワキイラツコは皇位を継承しなさい」と、それぞれに役割を与えました。応神天皇は一三〇歳で崩御し、陵墓は河内の恵賀の裳伏岡にあります。*

その後、オオサザキノミコトはウヂノワキイラツコに天下を譲りました。しかし、これを良く思わなかったオオヤマモリノミコトはウヂノワキイラツコを殺そうと企てるのでした。

この動きに気づいたオオサザキノミコトがすぐに知らせたので、ウヂノワキイラツコはオオヤマモリノミコトを討つことができました。

その後、ウヂノワキイラツコとオオサザキノミコトは互いに相手のほうが天皇にふさわしいと、皇位を譲り合いましたが、ウヂノワキイラツコが亡くなり、オオサザキノミコトが次の天皇となりました。第十六代**仁徳天皇**です。

＊誉田山御廟古墳（大阪府羽曳野市）。

古事記Column

唐突に語られる新羅のエピソード

『古事記』中つ巻の最後に、唐突とも思えるエピソードが入っています。それは新羅《しらぎ》の王子、アメノヒホコ（天之日矛）渡来の話です。

　ある日、沼のほとりで昼寝をしていた女性の陰部に太陽の光が差し込み、女性は赤玉を産みます。その後、アメノヒホコが赤玉を手に入れ持ち帰ると、玉はアカルヒメという美しい女性に姿を変えました。二人は夫婦になりましたが、仲たがいをし、アカルヒメは祖国に帰ってしまいます。その祖国が日本だったのです。アメノヒホコは妻を追って難波（大阪）に向かいますが、海峡の神に邪魔をされて上陸できません。仕方なく、多遅摩《たぢま》国（兵庫県北部）に上陸し、そこでマエツミという女性と夫婦になります。そしてアメノヒホコの四代目が、垂仁天皇の命で常世国から不老不死の果実を持ち帰ったタジマモリで、タジマモリの弟の娘が神功皇后なのです。

　つまり、このエピソードが語られた理由は、「新羅の血を引く神功皇后だから新羅を服従させることができた」ということです。後付け感は否めませんが、中つ巻の最後に入れておきたかった話なのでしょう。

アメノヒホコと神功皇后の関係

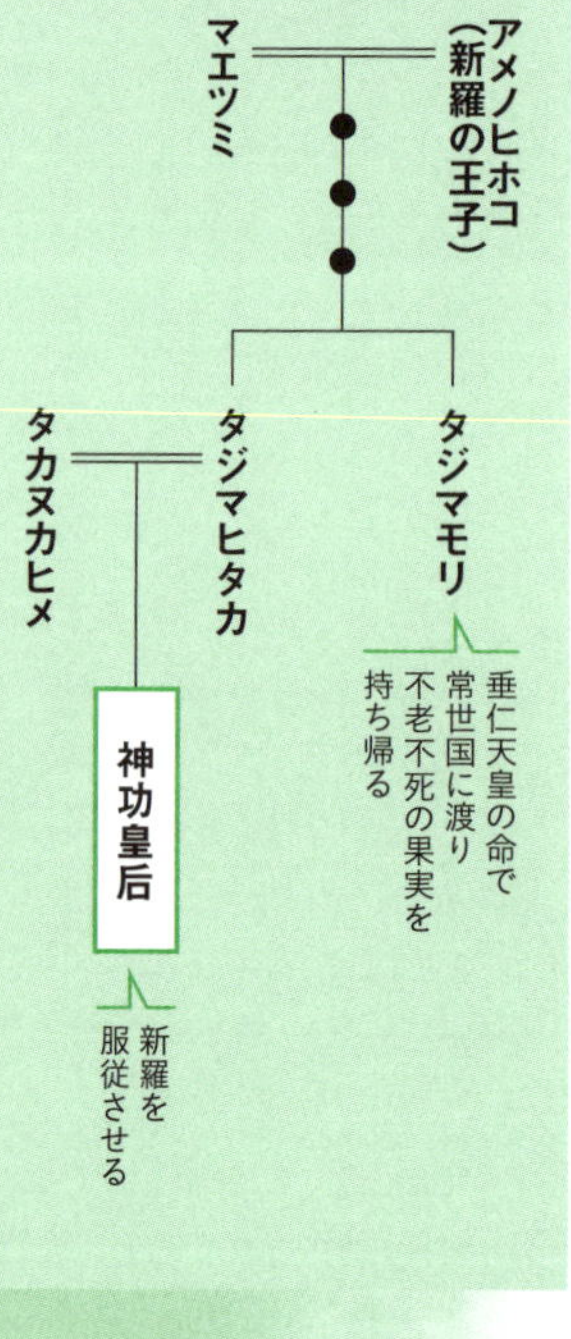

第3章

天皇の皇位継承の物語

下つ巻

こう読むと面白い！　下つ巻

『古事記』はすべて漢字で書かれています。『古事記』成立のころ、ひらがなカタカナはまだ生み出されていませんでした。下つ巻に限らず、『古事記』には多くの神・人が登場しますが、それらの名前も当然すべて漢字で書かれています。

　さて、物語に登場する名前には多くの場合において意味があります。イザナキ・イザナミはイザナ＝誘う＋キ（男）・ミ（女）という意味をもつと説かれます。漢字本文では「伊耶那岐・伊耶那美」と書かれます。この場合、漢字そのものの意味は関わりません。漢字の発音のみが使われていますので、使い方としてはひらがなカタカナのようなものですが、漢字はそもそもが発音と意味との両方を表し得る文字ですので、常にさまざまな解釈が生じる可能性をもっています。

　『古事記』下つ巻に登場する人物名をいくつか紹介しますと、たとえば仁徳《にんとく》天皇は大雀命《おおさざきのみこと》という名をもちます。その異母弟に速総別《はやぶさわけ》という人物がおり、異母妹に女鳥王《めとりのみこ》がいます。「雀（ミソサザイ）」「速総（ハヤブサ）」が一人の女性「女鳥」を原因として争うというように、鳥をめぐる三角関係となっていますが、皆が鳥に関わる名をもつのは偶然とは思われません。お話の背景に鳥の恋争いという伝承が存在していた可能性があります。

　雄略《ゆうりゃく》天皇は多くの女性を妻問《つまどい》しますが、そのなかに「赤猪子」という女性がいます。アカヰコと読みます。この場合「猪」が単に「ヰ」の発音を示したいだけの字なのか、「猪」の意味をもっているのか、定かではありません。仮に「猪」の意をもつとした場合、しばしば猪は山の神の姿として登場しますので、赤猪子との結婚には山の神の娘との結婚という意味をもつのかもしれません。顕宗《けんぞう》天皇が即位する前に家臣の者と妻争いを行う話がありますが、その際の女性の名前は「大魚《おうお》」と言

います。妻争いの相手の男の名は「鮪《しび》（マグロ）」です。今度は海の生き物に纏《まつ》わる妻争いとなります。「大魚」との結婚は、海の神の娘との結婚を意味するのかもしれません。ところで、山の神の娘との結婚や、海の神の娘との結婚は、『古事記』の上つ巻で、天孫降臨《てんそんこうりん》の後のいわゆる日向三代《ひむかさんだい》の神話の中で描かれていました。天神から天皇へという皇統《こうとう》の中に、山の神・海の神の霊力が加えられていくことがそこには意味されていたはずです。

『古事記』上つ巻の神話に描かれた内容が、中つ巻・下つ巻の話と重ね合わされるような場合もあることはあるのですが（たとえばオオクニヌシの役割とヤマトタケルの役割が重なり合うといったような）、『古事記』は基本的にさまざまな話を陳列するという意識があるようで、反乱物語にしても婚姻物語にしても、それぞれに異なるパターンの話を盛り込んで行こうという意図を感じます。ですので、同じパターンの話は繰り返さないようです。下つ巻の話に山の神の娘、海の神の娘の要素が現れたとしても、その婚姻によって皇統に取り込まれるという話にはなっていません。赤猪子は求婚されながら八〇年もの間忘れ去られていて、結局のところ婚姻は成就しませんし、大魚との間に子が生まれたという記述もありません。『古事記』が仁賢《にんけん》天皇以降、系譜のみで物語を描かないのは、既に描くべき事柄はすべて描いてしまったから、後は『古事記』撰録《せんろく》の発端と関わる天武天皇に繋がる系譜記述のみがあればよかった、という理由によるものと思われます。

この点、正式な歴史書として六国《りっこく》史《し》のはじめに位置づけられる『日本書紀』とは異なります。『日本書紀』は恐らく、以下に続く歴史書の存在を意識していたでしょうから、記事内容が途切れることがありません。一方の『古事記』が仁賢記以降の物語を記さないのは、以下の歴史書に続くという意識をもっていない、単独の書であった故と思われるわけです。

そんなわけで、『古事記』がどういったパターンの話を陳列しているのかを考えながら読むというのも一つの楽しみではないかと思います。また、前述のように、登場する神や人の名の意味を考えてみる、というのは、少々マニアックな楽しみ方としてお勧めしたいと思います。

古事記クローズアップ 下つ巻

下つ巻のポイント

『古事記』の下つ巻には「聖帝」と称えられた第十六代仁徳天皇の時代から、第三十三代推古天皇の時代に起きた事績や系譜がまとめられています。仁徳天皇とその前後の時代は、天皇の陵墓に指折りの大きさのものが多いことから巨大古墳時代とも呼ばれ、数ある前方後円墳のなかでも仁徳天皇陵はもっとも大きいものです。天皇陵の大きさからして、この時期は王権の強化が進むとともに、土木技術に飛躍的発展が見られたことは間違いなく、日本史上の一大画期といえるでしょう。

登場するおもな天皇

16 仁《にん》徳《とく》天皇
17 履《り》中《ちゅう》天皇
18 反《はん》正《ぜい》天皇
19 允《いん》恭《ぎょう》天皇
20 安《あん》康《こう》天皇
21 雄《ゆう》略《りゃく》天皇
22 清《せい》寧《ねい》天皇
23 顕《けん》宗《ぞう》天皇
24 仁《にん》賢《けん》天皇
25 武《ぶ》烈《れつ》天皇
26 継《けい》体《たい》天皇
27 安《あん》閑《かん》天皇
28 宣《せん》化《か》天皇
29 欽《きん》明《めい》天皇
30 敏《び》達《だつ》天皇
31 用《よう》明《めい》天皇
32 崇《す》峻《しゅん》天皇
33 推《すい》古《こ》天皇

さきたま古墳群
埼玉県行田市にあり、雄略天皇実在の証拠という鉄剣が稲荷山古墳で見つかっている。

顕宗天皇陵
奈良県香芝市にある顕宗天皇陵。

欠史十代
『古事記』において、事績は記されていない第二十四代仁賢天皇から第三十三代推古天皇までの十人の天皇のことを欠史十代という。

日本各地にある天皇陵

天皇陵に眠っているのは？

弥生時代と奈良時代の間、３世紀後半から７世紀までを古墳時代と呼ぶことがあります。最大の古墳は大阪府堺市にある仁徳天皇陵で、２番目は羽曳野市にある応神天皇陵です。奈良や大阪にある巨大古墳の多くが天皇か皇后、もしくは他の皇族の陵墓とされています。しかし、実際のところ陵墓名と被葬者が一致するとは限らず、『古事記』『日本書紀』と10世紀に編纂された『延喜式』と呼ばれる法典集とを頼りに、誰の墓であるかを比定しています。

雄略天皇陵
大阪府羽曳野市。正式名は丹比高鷲原陵（たじひのたかわしのはらのみさぎ）。円墳から前方後円墳につくりかえられている。

清寧天皇陵
大阪府羽曳野市。全長は約115m。

応神天皇陵
大阪府羽曳野市。正式名は誉田御廟山（こんだごびょうやま）古墳。全長425mで日本で2番目に大きい古墳。

安康天皇陵
奈良県奈良市。

こうもり塚古墳
岡山県総社市にある、全長100mにも及ぶ巨大な前方後円墳。別名をくろひめ塚古墳といい、仁徳天皇の后、黒日売の墓とする伝承がある。

仁徳天皇陵
大阪府堺市。全長486mで日本最大の前方後円墳。クフ王ピラミッド、始皇帝陵と並び、世界三大墳墓とされている。

仁徳天皇の政治と愛

【天皇と皇后の面子を保った不思議な虫】

ぼろ屋で暮らす聖の帝

応神《おうじん》天皇の皇子、オオサザキノミコト（大雀の命）は、難波《なにわ》の高津《たかつ》の宮で天下を治めました。この**第十六代仁徳《にんとく》天皇**には六人の御子がいて、三人の皇子がのちに天皇になっています。

天皇は、渡来人たちの力を借りて、**堤防や貯水池の造営、運河の掘削、新田の開拓、港の新設**などを行ないました。

あるとき、天皇は山に登り、四方を見渡していいました。

「どのかまどにも煙が立っていないではないか。国中の民が貧しいのだ。人々に夫役《ぶやく》と産物の貢納を課してはならない」

このため、宮殿の屋根が壊れて雨漏りしても修理させず、濡れ落ちる雨は桶で受けて、雨漏りしない場所を見つけては、そこへの移動をくり返しました。

三年ののち、国中から炊煙が上がるようになり、人々が豊かになったのを見て、天皇はようやく課税の再開を認めました。このことから、**仁徳天皇の治世は「聖《ひじり》の帝《みかど》の世」**と称えられています。

さて、**仁徳天皇の皇后、イワノヒメノミコト（石之日売の命）**は大変に嫉妬深い女性でした。

イワノヒメは黒比売を歩いて帰らせた。

3年がかりで善政を行なって人々の暮らしを改善した聖帝、仁徳天皇。

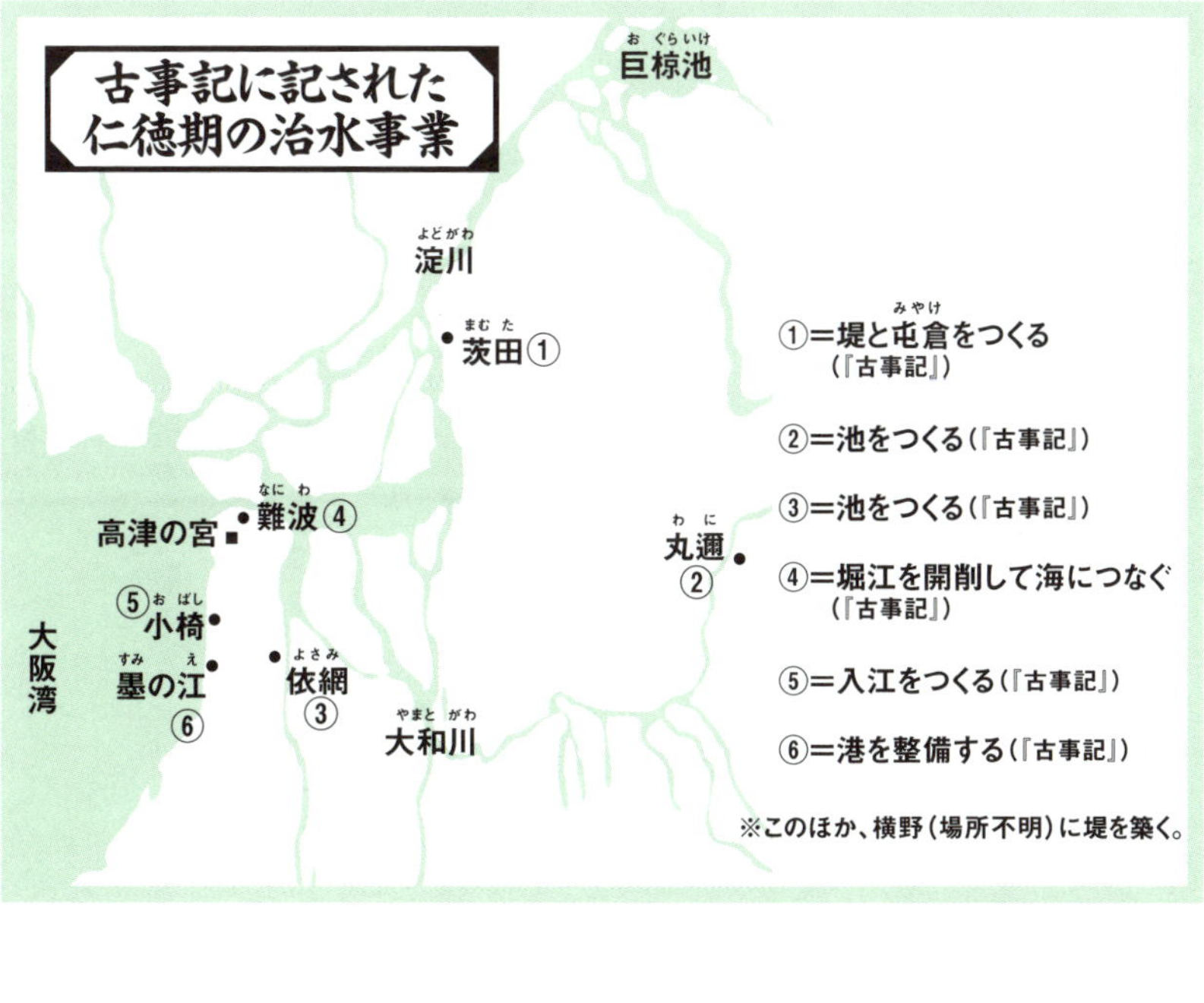

天皇と后の誰かが言葉を交わしただけで地団駄《じだんだ》を踏んで悔しがるため、ほかの后たちは生きた心地がしません。

ある日、天皇は吉備《きび》の海部《あまべ》の直《あたい》の娘、黒日売《くろひめ》が大変に美しいと聞き、宮中に呼び寄せました。しかし、黒日売は皇后の嫉妬を恐れ、故郷へ帰ってしまいます。

天皇が悲しみの歌を詠むと、これが皇后の耳に入り、皇后は激怒します。人を遣わし、黒日売を船から引きずりおろすと、陸路を歩いて帰るよう命じたのです。

天皇は皇后に「淡路島を見に行く」と嘘をつき、黒日売のもとへ行きます。吉備の国につくと、黒日売は天皇を山の方に案内し、手料理をふるまうなどして、ひとときの逢瀬《おうせ》を楽しみました。

またあるとき、皇后が豊《とよ》の楽《あかり》*1に使う御綱柏《みつながしわ》を集めるために木の国(紀伊の国)へ出かけると、天皇はこの隙にとばかりに異母姉妹のヤタノワキイラツメ(八田の若郎女)と懇《ねんご》ろになり、昼夜を問わず戯《たわむ》れます。二人の関係を聞いた侍女が皇后に注進すると、皇后は怒り、船に乗せていた御綱柏をすべて海に投げ捨てました。そして天皇のいる高津の宮には戻らず、筒木《つつき》に住む渡来人、奴理能美《ぬりのみ》の屋敷に籠もったのです。

それを聞いた天皇は、鳥山《とりやま》という舎人《とねり》と丸邇《わに》の臣口子《おみくちこ》に歌を託して筒木に向かわせました。しかし、皇后は意思をあらためません。口子の臣はこの事態を丸くおさめる方法を屋敷で話し合い、名案を思いつくと都へ戻り、こう報告しました。

「皇后が筒木に出かけられたのは、奴理能美が飼っている不思議な虫*2をご覧になりたかったからです。その虫は一度は這う虫になり、一度は

＊1　多くの灯をともす大宴会。御綱柏はカクレミノノ葉で、酒器として使う。
＊2　蚕（かいこ）のこと。養蚕の技術は渡来人によってもたらされたとされる。

古事記伝承の地をめぐる

大仙陵古墳

仁徳天皇の陵墓は、5世紀中ごろに約20年をかけて築造されたとみられ、大仙陵古墳と呼ばれて現存します。墳丘長486mの前方後円墳で、父の応神天皇の誉田御廟山古墳（425m）よりも大きく、日本最大の古墳です。最近の調査では築造当初は525m以上あったことが明らかになっています。

南側にある拝所。

大仙陵古墳は、世界三大墳墓に数えられ、平面積でいえば世界一の墓である。

繭《まゆ》に、一度は飛ぶ鳥にと3色に変化するのでございます」

天皇は、すぐさま虫を見に、奴理能美の屋敷に入りました。この機会に、二人はようやく仲直りしたのです。

とはいえ、天皇のヤタノワキイラツメへの愛情は冷めることはありませんでした。

天皇はヤタノワキイラツメの妹、メドリノミコ（女鳥の王）にも思いを寄せていました。そこで、異母弟のハヤブサワケノミコ（速総別の王）を仲介役に気持ちを伝えさせますが、メドリノミコは拒否し、ハヤブサワケノミコと男女の仲になります。**天皇は二人が反逆を意図していることを察知すると軍勢を送り、宇陀《うだ》の蘇邇《そに》で二人を殺しました**。

仁徳天皇は享年八十三歳。陵墓は毛受《もず》の耳原《みみはら》（大阪府堺市の大仙町）にあります。

第十七代 履中天皇

〈謀反をたくらんだ弟の末路〉

仁徳天皇と石之日売命との間に生まれたイザホワケノミコ(伊耶本和気の王)は、伊波礼《いわれ》の若桜の宮で天下を治めました。**履中天皇**です。

天皇が難波の宮で豊《とよ》の明《あかり》を催した際、酒を飲みすぎて眠ってしまいました。これを見た**弟のスミノエノナカツミコ(墨江之中津王)は、天皇を殺そうと御殿に火をつけました。**このとき、ヤマトノアヤノアタイ(倭の漢の直)の祖先のアチノアタイ(阿知の直)がひそかに天皇を外に連れ出し、馬に乗せ、大和に逃れました。

天皇は河内の多遅比野のあたりで目覚め、

「ここはどこか?」

と尋ねました。そこで昨夜からの経緯を説明しました。そして、大坂の山の口までたどり着いたとき、一人の女に出会いました。その女は、

「**武器を持った大勢の人たちが、この山を見張っています。大和へ行くのなら、当岐麻《たぎま》*道《ち》を超えて行くのがいいでしょう**」

といいました。女の言葉に従い、当岐麻道を超えて無事に石上神宮に着きました。

天皇が石上神宮に避難していることを知った弟のミズハワケノミコト(水歯別の命)がやって

弟による暗殺計画

難波の宮はまだ赤々と燃え盛っていた。

＊奈良県葛城市當麻を経て竹内峠に至る竹内街道。

天皇が眠っているのを見てスミノエノナカツミコは御殿に火をつけた。
燃え盛る御殿から天皇は眠ったまま連れ出された

第十七代履中天皇周辺の系図

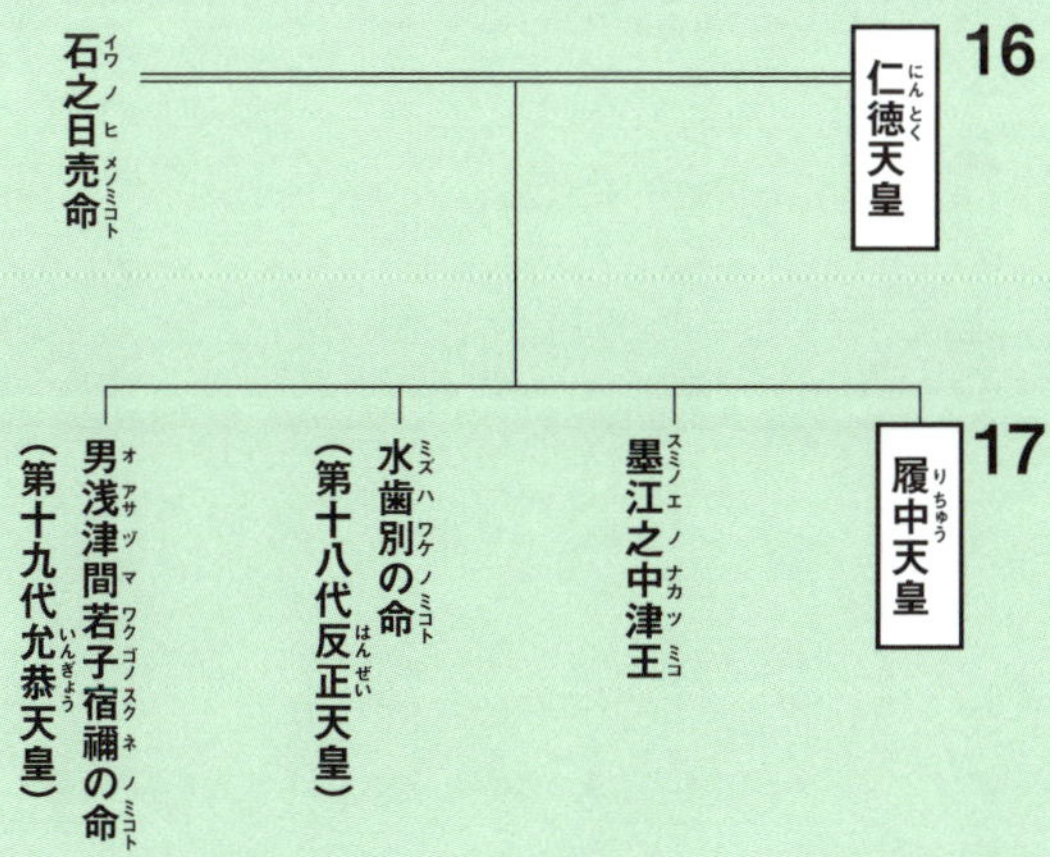

きて拝謁を求めました。しかし天皇は、

「私はあなたがスミノエノナカツミコと同じ心なのではないかと疑っている。だから今日は会うまい」

と告げました。ミズハワケノミコトが、

「私には反逆心はありません。」

と答えました。そこで天皇は、

「ならば今から難波へ下り、**スミノエノナカツミコを殺してきなさい**。そうすればあなたと会おう」

といいました。

ミズハワケノミコトは難波へ下り、スミノエノナカツミコの側近のソバカリ(曾婆訶里)に、

「もしおまえが私の言葉に従うなら、私が天皇になったとき、おまえを大臣にして、天下を治めようと思う」

ともちかけました。するとソバカリが承諾したので、

「それならば、おまえの主君を殺せ」

と命じました。ソバカリはスミノエノナカツミコが厠へ入ったところを狙い、矛で刺し殺しました。

ミズハワケノミコトはソバカリを連れて大和へ向かいましたが、自分が命じたとはいえ、主君を殺したソバカリを信じることができませんでした。そこでソバカリの功績をたたえる宴を開き、大臣の位を授けました。大喜びで大きな器で酒を飲むソバカリの顔が器で隠れたところで、隠していた剣でソバカリを殺しました。

その後、**天皇は参上したミズハワケノミコトを石上神宮へ招き入れ、二人は親しく語り合いました**。

履中天皇は享年六十四歳。陵墓は毛受にあります。

大坂の山の口までたどり着いたとき、謎の女が現れ、
敵に囲まれているから迂回して大和へ向かうように教えられ、天皇は無事逃げられた

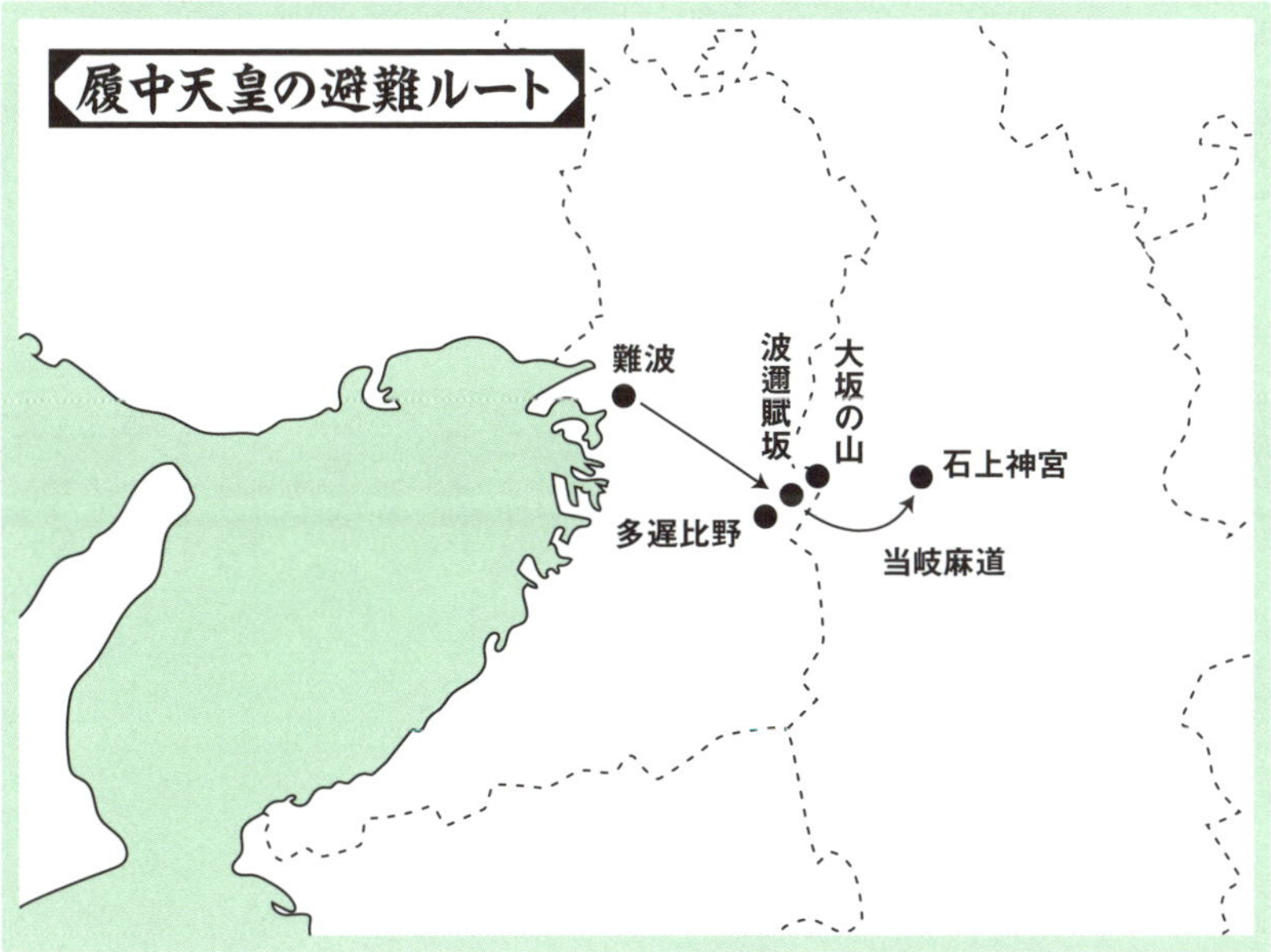

9 古事記伝承の地をめぐる

石上神宮《いそのかみじんぐう》

履中天皇がスミノエノナカツミコの暗殺計画から逃れ避難していた石上神宮（奈良県天理市）は、第10代崇神天皇によって建てられたとされる日本最古の神社の一つです。祭神は、初代神武天皇が、日向から大和へと東征した際に、神武天皇を救った神剣とされています。

皇位継承が「父から子へ」から「兄から弟へ」…その結果

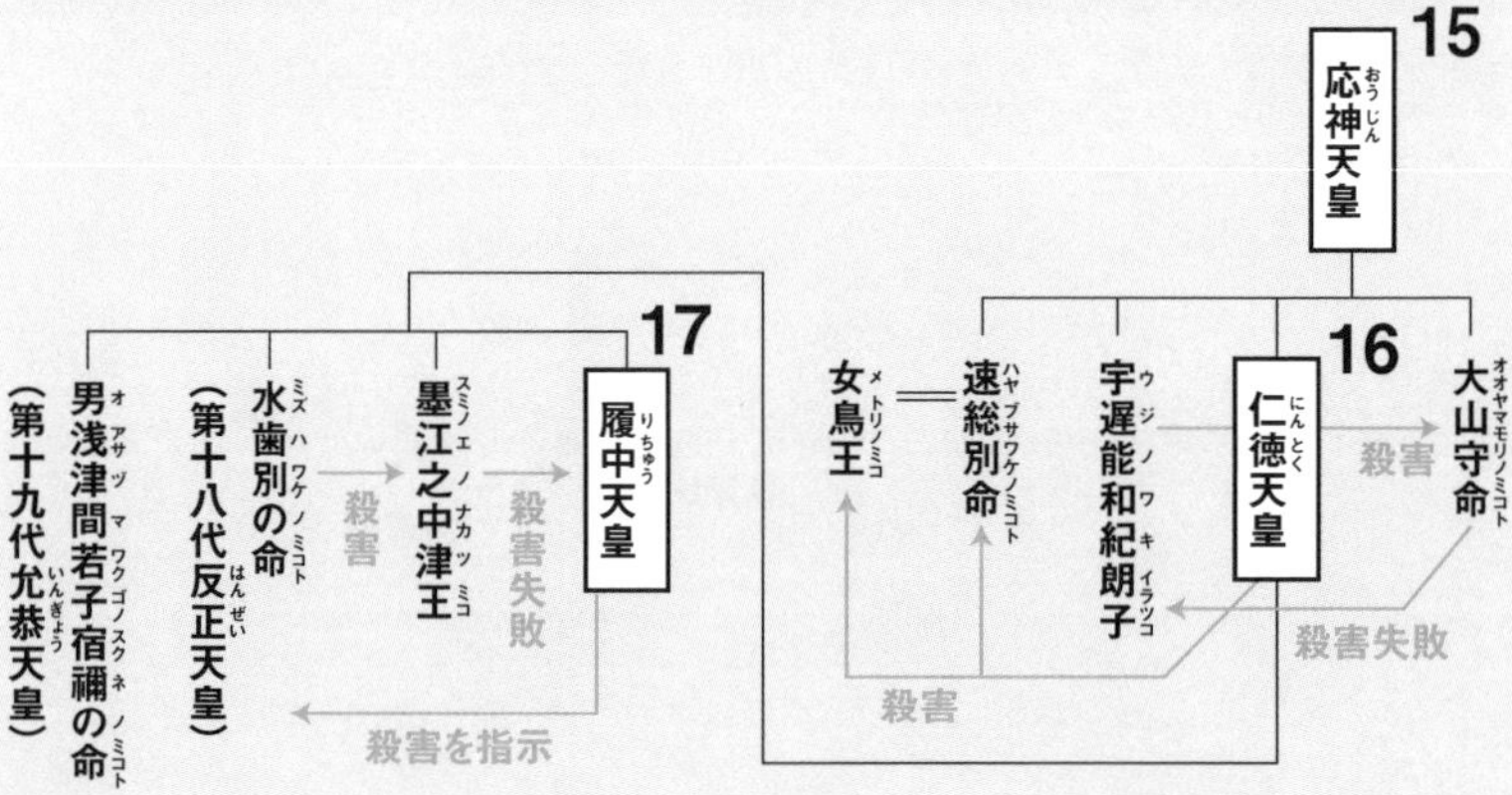

応神天皇の代までの皇位継承は「父から子へ」であったが、仁徳天皇の子の代から「兄から弟へ」と変わった。それによって、兄弟親族間での争いが増えていった。第十八代反正天皇は、兄弟間で皇位を継承した最初の天皇。

第十九代　允恭天皇

「皇位継承よりも愛を選んだ兄妹」

道ならぬ恋の末路

履中天皇の弟、ミズハワケノミコト（水歯別の命）は多治比の柴垣の宮で天下を治めました。第十八代**反正天皇**です。天皇には男女四人の御子がいました。享年六十歳。陵墓は毛受野《もずの》にあります。

反正天皇亡きあと、同母弟のオアサツマワクゴノスクネノミコ（男浅津間若子宿禰の命）が飛鳥の宮で天下を治めました。第十九代**允恭《いんぎょう》天皇**です。

当初、**允恭天皇は病を理由に皇位継承を辞退しましたが、皇后をはじめ高官たちからすすめられ、ついには即位を承知**しました。

同じころに、新羅の国王から、八十一艘の船で献上の品が送られてきました。大使の名は、コンハチンカンキム（金波鎮漢紀武）といいます。この人は薬の処方に造詣が深い人ということで、**天皇のために薬を処方させたところ、天皇の病はたちまち全快しました。**

允恭天皇は、天下の氏・姓をもつ者のなかに、自分の氏・姓を誤って口にするものが多いことを憂い、＊**甜白檮《あまかし》のコトヤソマガツヒ（言八十禍津日）を祀った丘で盟神探湯《くかたち》という占いを**

新羅の大使の処方薬で允恭天皇は健康になった。

＊奈良県高市郡明日香村。「甜白檮」は「甘い実をつけるカシの木」（ブナ科の食用の実をつける「いちいがし」）で、この「いちいがし」が丘に繁茂していたことに由来する地名とされる。

行って誤りを正し、天下の多くの職業集団の長の氏・姓を定めました。なお享年七十八歳。陵墓は河内の恵賀の長枝にあります。

允恭天皇が亡くなったあと、御子のキナシノカルノヒツギノミコ(木梨の軽の太子)が皇位を受け継ぐことになっていました。しかし、**カルノヒツギノミコは同じ母親から生まれた妹のカルノオオイラツメ(軽の大郎女)と愛し合っていることがわかりました。**同じ母親から生まれた兄弟姉妹の結婚は許されていなかったのです。このことを知った多くの官人や民人はカルノヒツギノミコに反感を抱き、弟のアナホノミコト(穴穂の命)に期待するようになりました。

これに不安を感じたカルノヒツギノミコは、大臣のオオマエオマエスクネ(大前小前宿禰)の屋敷に逃げ込み、戦いに備え武器をつくり始めました。このときにつくったのは銅の矢尻の矢で、**軽くて鉄の矢尻の矢より威力が弱いことから軽箭《かるや》**といいます。

一方、アナホノミコトも武器をつくり始めましたが、こちらは**矢尻が鉄でできていたことから穴穂箭**と呼ばれました。

やがて、アナホノミコトが軍勢を率いてオオマエオマエスクネの屋敷を囲むと、オオマエオマエスクネが踊り、歌いながら出てきました。

「私がカルノヒツギノミコを捕らえて引き渡します」

といって、**オオマエオマエスクネはカルノヒツギノミコを引き渡しました。**

その後、カルノヒツギノミコは伊予の湯(道後温泉)に流されました。カルノオオイラツメは、兄への思いを抑えきれず、兄の元へ向かいました。**再会を果たした二人は歌を詠み、その後ともに自害しました。**

カルノヒツギノミコは同母妹のカルノオオイラツメと禁断の恋に落ち、二人は自害してしまった。

古事記伝承の地をめぐる

道後温泉《どうごおんせん》

允恭天皇の皇太子カルノヒツギノミコは、実妹のカルノオオイラツメと許されない恋におち伊予の湯（道後温泉）に流されました。カルノオオイラツメも兄を追いかけて伊予の湯へ。そして、二人はこの地で亡くなりました。「姫原」というこの地には、いつのころからか、二人を祀った「軽之神社」があり、神社より奥の山裾に二人の塚といわれる比翼塚があります。

道後温泉（愛媛県松山市）

盟神探湯《くかたち》とは？

探湯瓮《くかべ》という窯に湯をたぎらせ、そこに手を入れて、やけどをするかどうかで、その人の邪心を見極める占い。允恭天皇はこの占いで乱れていた氏・姓を正したのです。

カルノオオイラツメの歌の謎

君が往き
日《け》長くなりぬ
やまたづの
迎へを行かむ
待つには待たじ

（訳）
あなたが
旅立ってから、
長い月日が
経ちました。
迎えに行きましょう。
もう待つことは
いたしません

カルノオオイラツメが伊予の湯に向かう際に詠んだとされる歌ですが、この歌にはとてもよく似た歌があります。それは、『万葉集』巻二に収められた、仁徳天皇皇后の石之日売命の歌とされるもので「君が行きけ長くなりぬ山たづね　迎へか行かむ待ちにか待たむ」というもの。カルノオオイラツメの歌が迎えに行こうという強い意思を示すのに対し、石之日売の歌は迎えに行こうか待っていようかという、ためらいを歌っています。元の歌がどちらなのかはわかりません。

カルノヒツギノミコとカルノオオイラツメの道ならぬ恋の話は創作？

カルノヒツギノミコとカルノオオイラツメの道ならぬ恋の話は、『古事記』を代表する悲恋物語として描かれています。しかし、皇位を継承することが決まっていたカルノヒツギノミコがそのタイミングでこのような不祥事を起こすとは考えられず、兄ではなく、弟のアナホノミコトが皇位を継承した経緯としてつくられた話なのではないかという説もあります。古代の人々は男女の道ならぬ恋の話が大好きで、『万葉集』にもそのような歌が多いのです。果たして真相はどうなのでしょう。

第二十一代　雄略天皇

〜激情の天皇の雄々しい生き様〜

大和政権の力の象徴

時代は下り、仁徳天皇の孫にあたるオオハツセノミコ（大長谷の王）は、自分以外の皇位継承権をもつ皇子を次々と殺して**第二十一代雄略《ゆうりゃく》天皇**となり、*1長谷《はつせ》朝倉《あさくら》の宮で天下を治めることになりました。

天皇は**仁徳天皇の皇女、ワカクサカベノミコ（若日下部の王）**を妻としましたが、二人は御子に恵まれませんでした。

しかし、ツブラオオミ（都夫良意富美）の娘、カラヒメ（韓比売）との間には二子を得ました。

まだワカクサカベノミコが日下《くさか》に住んでいたときのこと。皇后になってもらおうと、天皇みずから求婚に行く道中、ある高い山の上から周囲を見渡すと、屋根の上に*2堅魚木《かつおぎ》のある家を見つけました。お供の者に調べさせたところ、志幾《しき》の大《おお》県主《あがたぬし》の屋敷であることが判明します。

「賤《いや》しい者の分際で、自分の家を天皇の御殿に似せてつくるとは」

天皇はただちにお供の者たちに命じて、その家を焼き払おうとしました。すると、大県主が飛んできて恐れおののき、地に額《ひたい》をこすりつけながらいいました。

雄略天皇は白い犬を献上された。

＊1　奈良県桜井市黒崎、あるいは岩坂にあったと伝わる。
＊2　宮殿の屋根の上に並べる木の装飾。

「お詫びのしるしとして献上の品を用意しましたので、どうかお納めください」

それは一匹の白い犬でした。

天皇はワカクサカベノミコの家に出向き、お供の者に、

「これは道中で手に入れた珍しい物だ。これを結納の品として差し出そう」

といわせて、たったいまもらったばかりの白い犬を贈りました。

ワカクサカベノミコは、

「日を背にしてお出でいただくとは、とても恐れ多いことでございます。あらためて、私のほうから宮中に足を運んでお仕えいたしましょう」

そう答えました。

天皇は朝倉の宮への帰途、共寝を待ちわびる気持ちを歌にして、ワカクサカベノミコに渡すよう従者に託しました。

その後も天皇は、気に入った女性に次々と声をかけ、恋愛感情を歌にしています。

さて、雄略天皇が葛城《かづらき》＊の山に登ったときのことです。向かいの山を見ると、尾根伝いに山を登る一団が見えました。

その様子は、何から何まで天皇の一行とそっくりでした。そこで、天皇は供の者に尋ねさせました。

「この倭《やまと》の国には、私をおいてほかに大王はいないはずなのに、いま、誰がそこを行くのか」

すると相手方も同じ言葉を返してきました。

天皇が怒って矢をつがえると、お供の者たちも全員これにならいました。しかし、相手方も全員同じことをします。そこで天皇は再び問いかけました。

「それならば、名を名乗れ。互いに名乗ったう

＊ 奈良県御所市あたりとされる。

雄略天皇とは？

雄略天皇は、第十九代允恭天皇の第5皇子です。雄略天皇は大和政権に干渉していた葛城氏、吉備氏などの地方有力豪族を没落させ、はじめて大臣《おおおみ》・大連《おおむらじ》の制度を定めました。朝廷の組織を中央集権型に変え、天皇が強い権力を振るって天下を治めるという画期的な時代をもたらしたのです。

『日本書紀』は、雄略天皇が葛城山での狩りで、突進してくる大猪を果敢に踏み殺した話を伝える。葛城氏の脅威を克服した天皇の強さが示されているとも読める。（尾形月耕作・国会図書館蔵）

えで矢を放とうではないか」

　すると、相手方は、

「先に問われたから、私から名乗ろう。悪いことも一言、よいことも一言で言い放つ神、**葛城のヒトコトヌシノオオカミ（一言主の大神）**である」

　天皇はこれを聞いてかしこみ、

「恐れ入りました。人間の姿をしていたので気づきませんでした」

　といい、自分の太刀や弓矢をはじめ、お供の者たちの着ている衣服も脱がせて、すべて献上しました。

　天皇が帰途に着くと、ヒトコトヌシノオオカミは山の峰々を埋めつくすほどたくさんのお供を連れ、山の入り口まで送りました。

　ヒトコトヌシノオオカミが人の前に現れたのは、これが最初のことでした。

葛城山に登った雄略天皇は、自分たち一行とうり二つの一行と出会った。

古事記伝承の地をめぐる

ヒトコトヌシノオオカミを祀る神社

ヒトコトヌシノオオカミが雄略天皇の前に顕現した場所とされている伝承地が、大阪府と奈良県の境に位置する金剛山地に二つあります。

葛城山の麓にある一言主神社。悪いことも一言、よいことも一言でいい放つ神力を示した大神は、一言の願いならなんでも叶えてくれると信じられている。

金剛山山頂にある葛木神社。役行者《えんのぎょうじゃ》が金剛山に寺を建てるときに、自身の祖神である大神を合わせ祀ったのがはじまり。近くには摂社の矢刺神社があり、こちらは雄略天皇が大猪に遭遇した場所とされている。

親族を次々と殺害した少年

後に雄略天皇となったオオハツセワカタケルノミコト（大長谷若建命・以下、オオハツセ）は、残虐な少年でした。

兄であった安康天皇がマヨワノミコ（目弱王）に暗殺されたことを知ったオオハツセは、すぐさまもう一人の兄にかたきを討とうといいますが、兄は反応を示しません。それに腹を立て、兄を打ち殺してしまいます。もう一人の兄にも同じようにいいますが、反応はありません。そこでその兄を腰まで地中に埋めて殺してしまいます。また、履中天皇の皇子でオオハツセの従兄弟にあたるイチノヘノオシハノミコ（市辺之忍歯王・以下、オシハノミコ）を狩りに誘い出し、射殺し、その体をバラバラに切り裂いて飼葉桶に入れ、地面の高さに埋めてしまいます。

従兄弟殺しについては、安康天皇はオシハノミコに皇位を継承したいと考えていたという説があり、元々殺す目的で狩りに誘った可能性があります。

このようにして天皇となったオオハツセですが、皇子で次代の清寧天皇には后も子もなかったため、皇位を継承する者がいませんでした。なぜなら雄略天皇自身が血縁者をことごとく殺してしまったから。結果的に、オシハノミコの子が皇位を継承するという皮肉な話になりました。

実は、オオハツセはヤマトタケルと共通点が多く、ヤマトタケルはオオハツセをモデルにしているという説があります。理由として、どちらも名前に「建」があるということ。そしてその暴力性と残虐性です。ただ、どちらも実の兄を手にかけていますが、ヤマトタケルはそれ以外に殺したのは敵です。一方オオハツセは血縁者を殺しています。二人の暴力性は似ていますが、オオハツセのほうがよほど危険な気がしますね。

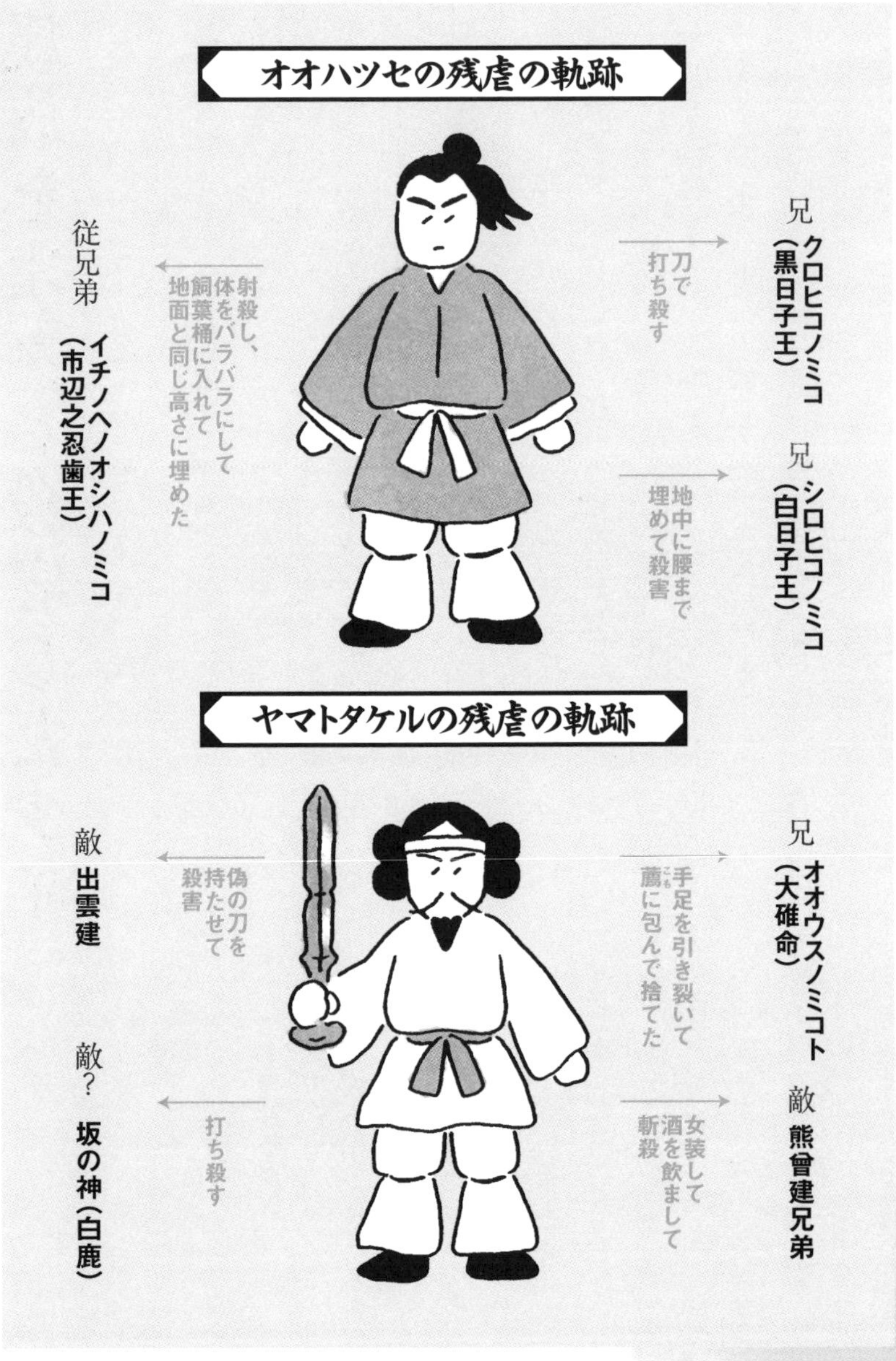
オオハツセの残虐の軌跡
兄
クロヒコノミコ（黒日子王）
刀で打ち殺す
兄
シロヒコノミコ（白日子王）
地中に腰まで埋めて殺害
従兄弟
イチノヘノオシハノミコ（市辺之忍歯王）
射殺し、体をバラバラにして飼葉桶に入れて地面と同じ高さに埋めた
ヤマトタケルの残虐の軌跡
兄
オオウスノミコト（大碓命）
手足を引き裂いて薦《こも》に包んで捨てた
敵
熊曾建兄弟
女装して酒を飲まして斬殺
敵
出雲建
偽の刀を持たせて殺害
敵?
坂の神（白鹿）
打ち殺す

第二十三代　顕宗天皇

〔父の恨みを忘れなかった天皇〕

発見された二人の皇子

雄略天皇の崩御後、息子のシラカノオオヤマトネコ（白髪の大倭根子）が**第二十二代清寧《せいねい》天皇**に即位し、伊波礼《いわれ》の甕栗《みかくり》の宮[*1]で天下を治めました。天皇には皇后も子もなかったので、崩御すると、跡継ぎのない状態が生じました。

そこで、皇位を継ぐべき人物が現れるまでの間、第十七代履中《りちゅう》天皇の皇女のオシヌミノイラツメ（忍海の郎女）、またの名をイイドヨノミコ（飯豊の王）が葛城の忍海[*2]の高木《たかき》の角刺《つぬさし》の宮で政務にあたりました。

ある日、山部《やまべ》の連小楯《むらじおだて》という者が針間《はりま》（播磨）の国の宰《みこともち》（臨時の地方官）として、同国の志自《しじ》牟《む》という豪族の酒宴に招かれました。そこにいた火焚き役の二人の少年が、オシヌミノイラツメの兄で、かつて皇位継承をもくろむオオハツセノオオキミ（のちの雄略天皇）に殺された**イチノヘノオシハノミコ（市辺の忍歯の王）の皇子**であることが判明します。

山部の連小楯は大喜びで二人を角刺の宮へ連れ帰りました。

皇子は皇位を譲り合いますが、兄のオケノミコ（意祁の王）が、

発見した二人の皇子をひざに乗せ泣いて喜んだ。

＊1　奈良県桜井市池之内。
＊2　奈良県葛城市忍海。

「志自牟の屋敷であなたが名前を明かしたから、いまの私たちがある。功績のあるあなたが天下を治めるべきです」

といい、弟のヲケノミコ（袁祁の王）が先に即位しました。**第二十三代顕宗《けんぞう》天皇**の誕生です。

顕宗天皇は＊近《ちか》つ飛鳥《あすか》の宮で天下を治め、イワキノミコ（石木の王）の娘、ナニワノミコ（難波の王）を妻としましたが、子はできませんでした。

天皇が父の遺骨を探し求めていたときのこと。骨の埋められている場所を知るという老婆が現れました。その場所を掘ると、確かに父の遺骨が見つかりました。天皇はこの老婆を召し寄せ、置目《おきめ》の老媼《おみな》という名を与え、生活の面倒を見ました。天皇の暮らす宮の隣に置目の老媼の家を建て、毎日のように呼び出しました。置目の老媼が歳を取ったので故郷へ帰ることになったときは、天皇自ら見送り、「もう会えなくなってしまうのか」と寂しい気持ちを込めた歌まで詠みました。

一方、かつて雄略天皇から逃げる際、自分と兄の乾飯《ほしいい》を奪いとった老人を探しだし、飛鳥河《あすかがわ》で斬り殺し、一族全員の膝の腱を断ち切りました。

顕宗天皇は雄略天皇を深く恨み、その霊魂に報復しようと**雄略天皇の陵墓を破壊しようと企《き》図《と》します**。しかし、兄のオケノミコがいいました。

「雄略天皇は私たちの叔父であり、天下を治めた天皇でもある。陵墓を破壊すれば、のちの世の人々から非難されましょう。しかしながら、父の仇だけは討たねばなりません。私が行って、陵墓の土を少しだけ掘り、辱《はずかし》めを与えるだけにしましょう」

兄のオケノミコの言葉を聞いた天皇は、

＊　大阪府羽曳野市飛鳥。

志染《しじみ》の石室《いわむろ》

父が殺された知らせを聞いたオケ・ヲケノミコは、身の危険を察知し、逃亡の旅に出ました。やがて志自牟の家に辿り着き、下層民に身を落として豪族に仕え、生き延びます。『日本書紀』『播磨国風土記』では、二人が逃亡途中に隠れ住んだ岩穴の存在を伝えています。

「確かに道理にかなうことで、それでよしとしましょう」

といいました。

顕宗天皇は享年三十八歳。在位は八年でした。陵墓は片岡《かたおか》の石坏《いわつき》の岡（奈良県香芝市北今市）のあたりにあります。

飯豊の王は女性天皇だった？

清寧天皇が亡くなった後、ヲケノミコが即位するまでの間、しばらく天皇不在の時期がありました。その間、飯豊の王が宮を定め、天皇に代わって統治していました。では、飯豊の王は女性天皇だったのでしょうか？　『古事記』『日本書紀』を見る限り、正式に即位したとは書かれていません。天皇不在の間、天皇に代わって統治を行った女性を、天皇に準ずる立場ということで、「中天皇《なかつすめらみこと》」と呼ぶこともあります。飯豊の王は、履中天皇の子で、雄略天皇に殺されたイチノヘノオシハノミコの妹です。つまり、オケ・ヲケノミコの叔母に当たります。兄の子どもたちが発見されたときは本当に嬉しかったことでしょう。

仁賢天皇〜推古天皇

皇位継承の流れを語り幕を閉じる

物語のない天皇たち

顕宗天皇亡きあと、ついで即位したのは兄のオケノミコ（意祁の王・第二十四代**仁賢《にんけん》天皇**）で、雄略天皇の娘、カスガノオオイラツメ（春日の大郎女）との間に生まれたワカサザキノミコト（若雀の命・第二十五代**武烈《ぶれつ》天皇**）がその跡を継ぎました。武烈天皇には男子がなかったことから、応神天皇の五世の孫、オオドノミコト（袁本杼の命・第二十六代**継体《けいたい》天皇**）が迎えられ即位しています。

以下、皇位は尾張《おわり》の連《むらじ》＊らの祖先、メノコノイラツメ（目子の郎女）との間に生まれたヒロクニオシタケカナヒノミコト（広国押建金日の命・第二十七代**安閑《あんかん》天皇**）、タケオヒロクニオシタテノミコト（建小広国押楯の命・第二十八代**宣化《せんか》天皇**）、仁賢天皇の娘、タシラカノミコト（手白髪の命）との間に生まれたアメクニオシハルキヒロニワノミコト（天国押波流岐広庭の命・第二十九代**欽明《きんめい》天皇**）、欽明天皇の子のヌ

仁賢天皇以降、物語のない天皇が続く。

＊連は姓の一つ。古代政権では、服属した豪族たちに真人、朝臣、宿禰、忌寸、道師、連、臣、稲置の八つの姓を授けた。

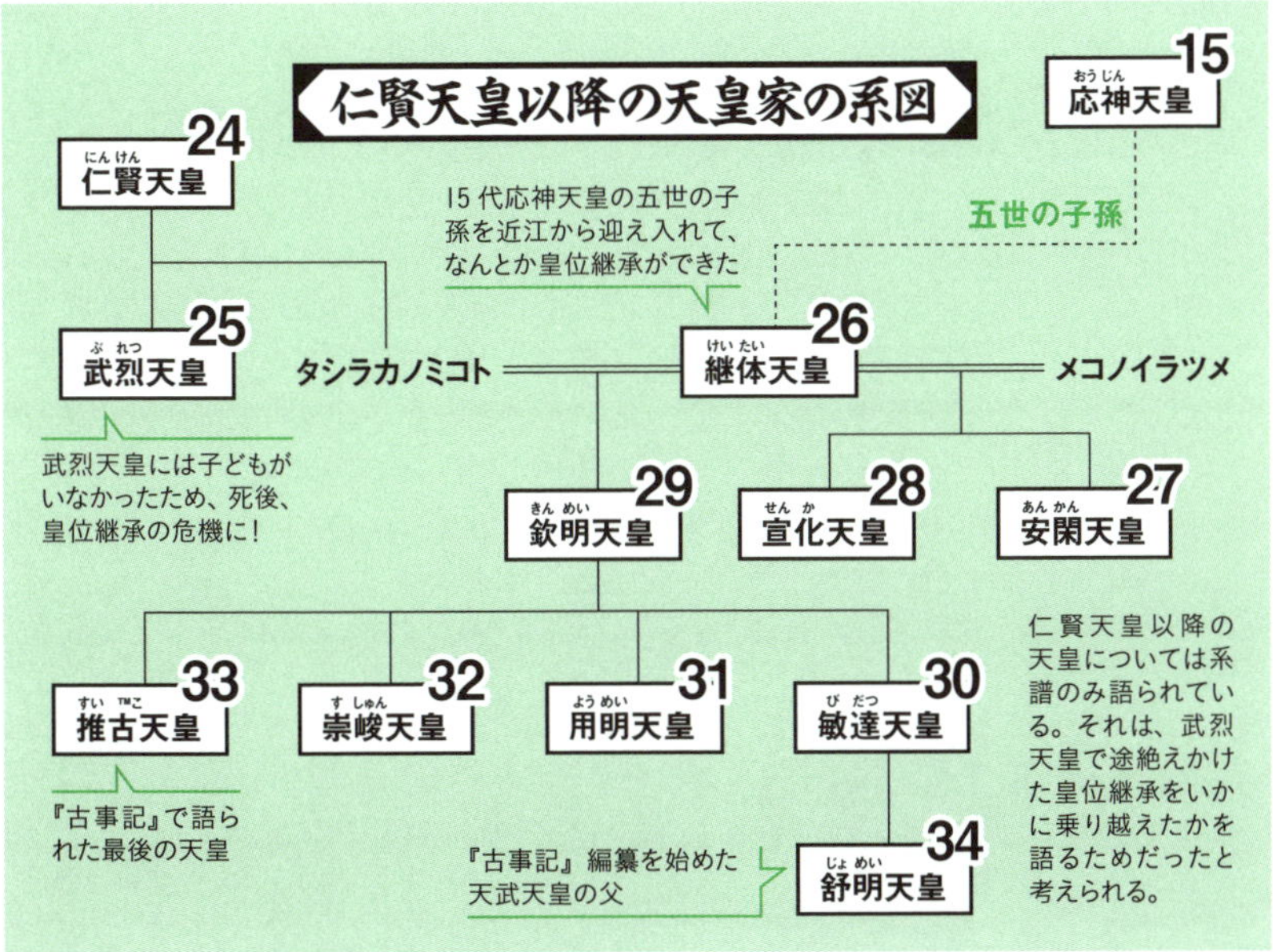

ナクラフトタマシキノミコト（沼名倉太玉敷の命・第三十代**敏達《びだつ》天皇**）、タチバナノトヨヒノミコト（橘の豊日の命・第三十一代**用明《ようめい》天皇**）、ハツセベノワカサザキノミコト（長谷部の若雀の命・第三十二代**崇峻《すしゅん》天皇**）、トヨミケカシキヤヒメノミコト（豊御気炊屋比売の命・第三十三代**推古《すいこ》天皇**）の順に継承されました。

なぜ仁賢天皇は父の仇の娘を娶ったのか

弟から皇位を継承した仁賢天皇は、雄略天皇の娘、カスガノオオイラツメを皇后に迎えました。なぜ、父親を殺した仇の娘を娶ったのでしょうか。弟の顕宗天皇が雄略天皇への恨みからその陵墓を破壊しようとした際、オケノミコは天皇をたしなめています。オケノミコは恨みの連鎖を恐れたのではないでしょうか。そのために、父の仇の娘を娶ったのではないでしょうか。オケノミコの人柄がわかる事柄だといえるでしょう。

下つ巻に登場する天皇の系図

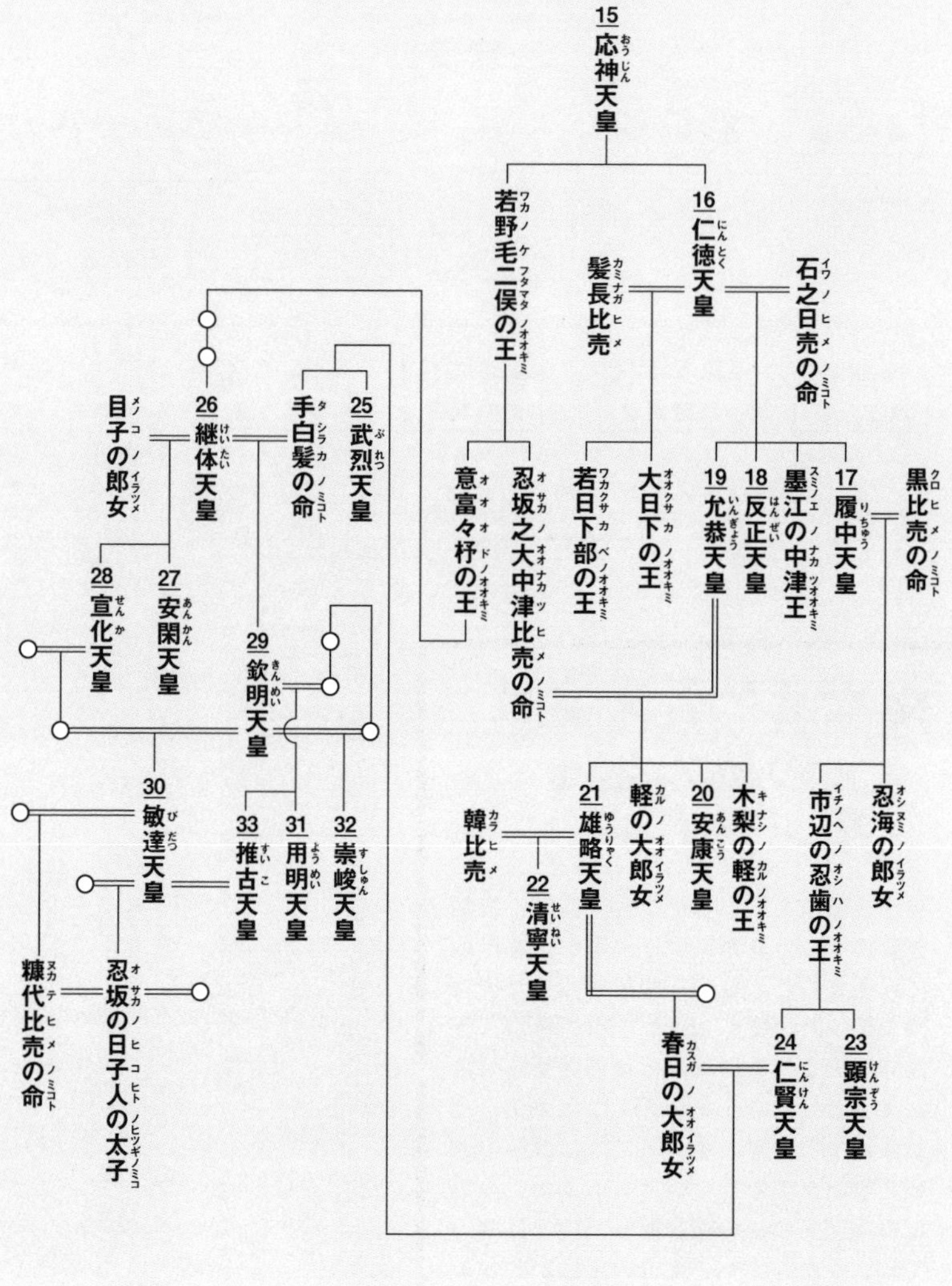

『古事記』に見る女性天皇の存在

『古事記』の最後の天皇、推古《すいこ》天皇以降、十六代の天皇のうち、半分の八代は女性天皇です。そのうち、皇極《こうぎょく》・斉明《さいめい》天皇、孝謙《こうけん》・称徳《しょうとく》天皇は重祚《ちょうそ》、即ち一度退位して後に再度即位していますので、六名が女性天皇として即位したということになります。六世紀末から八世紀後半にかけてのこの時期に、どうして女性天皇が集中して現れているのでしょうか。

従来女性天皇は、中継ぎの天皇という捉え方をされてきました。確かに持統《じとう》天皇は孫の軽皇子《かるのみこ》（文《もん》武《む》天皇）がまだ幼かったため、自らが即位して後に皇位を継承させますし、元明《げんめい》・元正《げんしょう》天皇は、首皇子《おびとのみこ》（聖武《しょうむ》天皇）が即位するまでの中継ぎ天皇という意味合いをもっていたと考えることはできるかもしれません。しかし近年ではそうした見方ではこの時期に女性天皇が集中する理由としては不充分であるということで、疑問がもたれているようです。最初の女帝は推古天皇ですが、それ以前、『古事記』『日本書紀』の記述によれば、仲哀《ちゅうあい》崩御後の神功《じんぐう》皇后や、清寧《せいねい》天皇崩御後の飯豊王《いいどよのみこ》という女性などは限りなく天皇に近い立場となっています。明確に即位したとの記述がないところから後世定められた歴代天皇一覧には加えられていませんが、実質的には天皇であったとも言えます。つまり、推古天皇以前にも女性天皇が出現してもおかしくない土壌はあったということになります。義《よし》江《え》明《あき》子《こ》氏によれば、古代日本は父系と母系との双系的親族結合を基本とする社会であって、男女の区別なく長老的存在がリーダーとなる社会であったとのこと。それがやがて父方の親族が重んじられる中国的な父系社会へと変質することで、女性天皇は即位することがなくなっていったのではないかということです。

（参考、義江明子『女帝の古代王権史』ちくま新書、二〇二一年三月）

巻末付録

古墳時代の服装

短甲《たんこう》と衝角付冑《しょうかくつきかぶと》

短甲とともにさまざまな装備をすることでは防御力高かったが、
上半身を曲げることができないという難点があった。
主に下級武人が着用した。

丈の短い甲冑と動きやすい甲冑の２種類

甲冑の歴史は古く、弥生時代の遺跡から甲冑と思われる木片が出土しています。『古事記』が描かれた古墳時代に入ると、革や金属が使用されるようになります。甲冑には、短甲《たんこう》と桂甲《けいこう》があり、短甲は、胴を守る丈の短い甲冑で、紐で肩から下げて装着していました。また、腕や腰、肩、足を守る装備もありました。挂甲は、革や鉄の小札を革か紐でとじて一枚の板とし、この板を繋いでいます。

そのため体の曲げ伸ばしができるようになりました。

実践的な冑と装飾的な冑があった

冑には、衝角付冑《しょうかくつきかぶと》と眉庇《まびさし》付冑《つきかぶと》があります。衝角付冑は、鉢の前面に衝角と呼ばれる突起がついていて、敵の打撃を滑らせる効果がありました。眉庇付冑は帽子のツバのような眉庇がついていて、衝角付冑より装飾的で高級武人が被っていました。

桂甲《けいこう》と眉庇付冑《まびさしつきかぶと》

桂甲は当時貴重品であった鉄を使用していることや製法に手間がかかることで大量生産が難しく、豪族や高級武人しか着用できなかった。

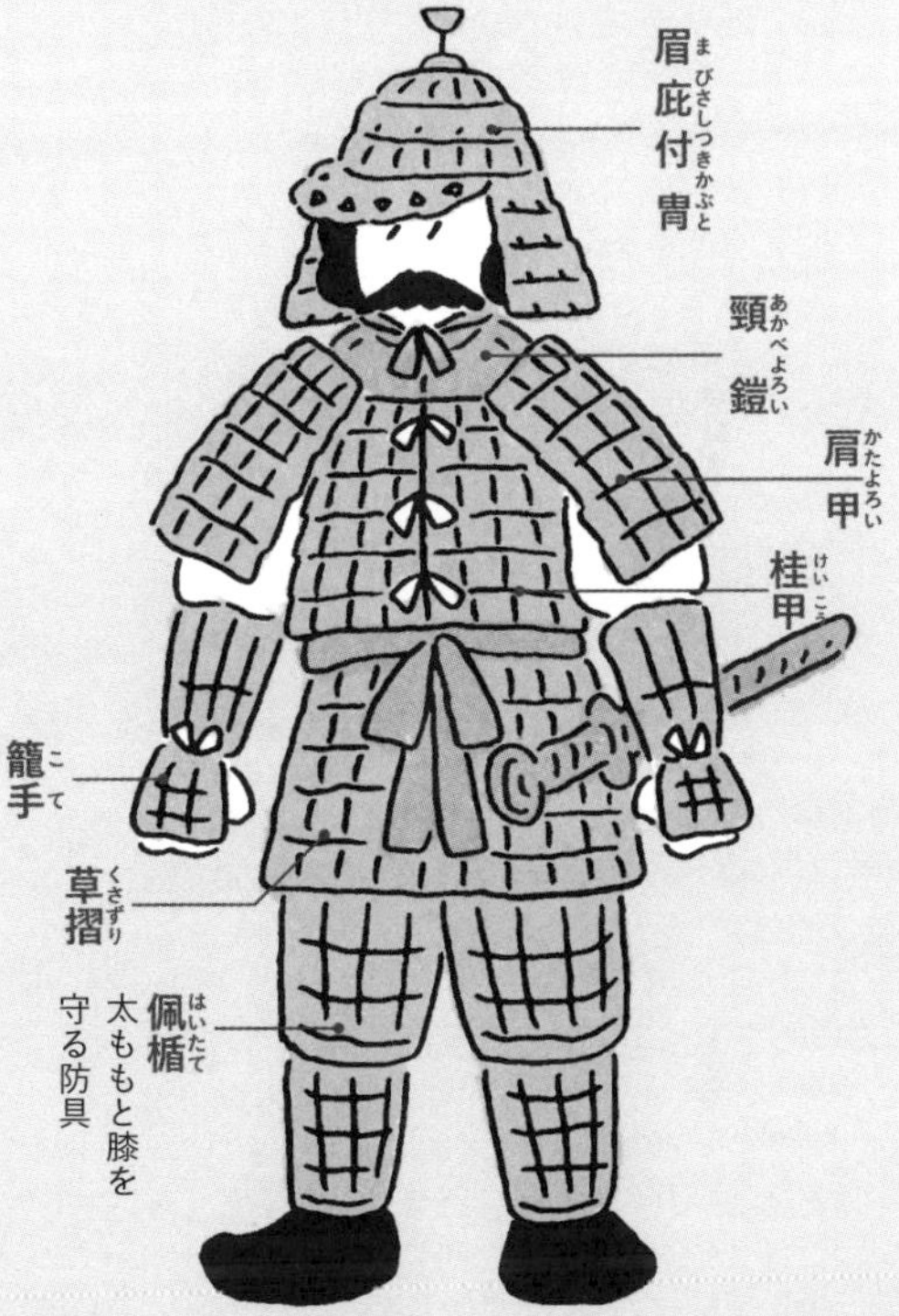

装束

古墳時代の人々は、男性はズボンのような袴を、女性はスカートのような裳を履いていました。古墳からは首飾りや冠などを装着した埴輪も出土しています。

監修者紹介　谷口雅博（たにぐち・まさひろ）

國學院大學文学部教授。博士（文学）。1960年、北海道生まれ。1991年、國學院大學大学院文学研究科博士課程後期所定単位取得退学。専攻は日本上代文学（古事記・風土記など）。おもな著書に『古事記の謎をひもとく』（弘文堂）、『古事記の表現と文脈』（おうふう）、『風土記説話の表現世界』（笠間書院）、『風土記探訪事典』（共著・東京堂出版）などがある。

装丁・本文デザイン　平井朋宏（LOVIN'Graphic）
イラスト　鈴木衣津子
執筆協力　小山まゆみ、大迫倫子
編集制作　風土文化社
写真提供　南部町、美保神社、PIXTA

参考文献　『古事記の謎をひもとく』（谷口雅博著／弘文堂）、『知識ゼロでも楽しく読める！　古事記』（谷口雅博監修／西東社）、『一番よくわかる　古事記』（谷口雅博監修／西東社）『新潮日本古典集成　古事記』（西宮一民校注／新潮社）、『新版　面白いほどよくわかる古事記』（吉田敦彦監修、島崎晋著／日本文芸社）、『古事記と日本の神々』（吉田敦彦監修／青春出版社）、『日本神話』（吉田敦彦著/PHP研究所）、『図解　いちばんやさしい古事記の本』（沢辺有司／彩図社）、『古事記完全講義』（竹田恒泰著／学研パブリッシング）、『古事記　現代語訳』（竹田恒泰訳／学研パブリッシング）、『ゼロから知る「古事記」』（学研パブリッシング）、『地図＆図解　なるほど！古事記・日本書紀』（島崎晋著／廣済堂出版）

眠《ねむ》れなくなるほど面白《おもしろ》い　図解《ずかい》プレミアム　古事記《こじき》

2024年11月1日　第1刷発行
2025年4月10日　第2刷発行

監修者　谷口雅博《たにぐちまさひろ》
発行者　竹村　響
印刷所　TOPPANクロレ株式会社
製本所　TOPPANクロレ株式会社
発行所　株式会社　日本文芸社

〒100-0003　東京都千代田区一ツ橋1－1－1　パレスサイドビル8F
https://www.nihonbungeisha.co.jp/

Printed in Japan 112241018-112250326 Ⓝ 02（300083）
ISBN978-4-537-22249-4

（編集担当：坂）

＊本書は2018年6月発行『眠れなくほど面白い 図解 古事記』を元に、原稿、図版を加筆、新規に作成し、再編集したものです。